평설자치통감

권008

이 도서의 국립중앙도서관 출판시도서목록(CIP)은 e-CIP홈페이지(http://www.nl.go.kr/ecip)
와 국가자료공동목록시스템(http://www.nl.go.kr/kolisnet)에서 이용하실 수 있습니다.
(CIP제어번호: CIP2017013691)

평설자치통감 권008 · 진시대03

2017년 11월 1일 초판 1쇄 찍음
2017년 11월 7일 초판 1쇄 펴냄

지은이 권중달
펴낸이 정철재
만든이 권희선 문미라
디자인 정은정

펴낸곳 도서출판 삼화
등 록 제320-2006-50호
주 소 서울 관악구 남현1길 10, 2층
전 화 02) 874-8830
팩 스 02) 888-8899
홈페이지 www.tonggam.com | www.samhwabook.com

ⓒ도서출판 삼화, 2017, Printed in Seoul Korea
ISBN 979-11-5826-086-6 (04910)
ISBN 979-11-5826-017-0 (세트)

* 책값은 표지 뒤쪽에 있습니다.
* 잘못 만들어진 책은 구입하신 서점에서 바꿔드립니다.

평설자치통감

권008

진(秦)시대 03

권중달 지음

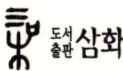

들어가면서

《자치통감》을 번역하고 출판한지 벌써 몇 해가 지났다. 그동안 경향 각지의 많은 독자들의 격려와 고언을 받으면서 독자들에게 한걸음 다가가는 책이 필요하다고 절감하였다.

독자들 가운데 원문(原文)을 보고자 하는 사람이 많고, 또 사료라 할 원문에 대한 일정한 정도의 해설적 설명인 평설(評說)이 필요하다는 독자도 있었다. 번역을 원문과 대조해 보면서 읽는 다면 훨씬 그 맛을 더할 수 있기 때문이고, 다른 한편으로는 평설을 통하여 원문에 대한 역사기록을 깊이 있게 이해하고자 함이었다.

이에 한 걸음 더 나아가서 귀에 익숙한 《통감절요》(이하 절요)와 《통감강목》(이하 강목)이 《자치통감》 가운데 어느 부분을 생략하였고, 또 어떻게 줄였는지를 보여 주는 것도 독자들에 대한 봉사라고 생각하였다.

그리하여 번역문과 《자치통감》의 원문 그리고 그 부분에 해당하는 《절요》와 《강목》의 원문을 실어서 비교할 수 있도록 하였다. 이는 이 책을 통하여 통감학에 대한 입체적 검토를 할 수 있게 하려는 것이다.

이 《평설 자치통감》은 《자치통감》에 실린 내용을 역사적 이해를 돕기 위한 것이므로 내가 계속 추진하였던 또 다른 방향에서의 '자치통감 행간읽기'이다. 이 책이 역사 기록을 보는 안목을 조금이라도 높이는데 도움이 되기를 바라는 마음이다.

권중달 적음

목차

004 들어가면서
010 실린 내용
013 유방의 첫 번째 전투
016 지리멸렬하는 진승·오광 세력
020 전란 중에 엄혹해지는 진나라
025 진(秦)으로 가게 되는 조나라 장수
031 진승의 관할지역에서 일어난 군대
034 마부에게 죽은 진승
039 진승이 죽은 후에 벌어진 일
041 주시에게로 간 옹치
043 조왕을 세운 장이와 진여
046 경포의 등장
050 장량을 얻은 유방
054 도강하여 세력이 커지는 항량

059 항량에게 의탁하는 유방
063 범증의 건의로 회왕을 세우는 항량
067 다시 세워지는 제후왕
070 진(秦) 장한의 활약과 제후들의 대응
075 장한과 대결하는 항량·항우·유방
078 제(齊) 지역의 변화
081 황제를 조회에 나오지 못하게 한 조고
085 조고의 덫에 걸려 든 이사
088 승상 이사를 모함하는 조고
091 이사에게 공격받는 조고를 막아주는 2세
095 감옥에 갇히는 승상 이사
100 판단력이 모자라는 이사
104 승상이 된 조고
108 장한에게 죽는 항량

113 갈라지는 항우와 유방
116 위왕을 세우는 초 회왕
118 초 회왕의 재정비
120 북쪽으로 향한 진의 장한군
124 송의를 대장군으로 임명한 초 회왕
127 함양 공격권을 얻은 유방
131 연합전선에 참여하는 제와 유방의 서진
133 대장군 송의와 차장 항우의 의견 충돌
137 대장군 송의에게 반발한 항우
140 송의의 목을 벤 항우
143 유방 세력의 확장
145 갈라지는 진여와 장이
149 제후군을 지휘하게 된 항우
154 홧김에 군권을 잃은 진여

157 팽월의 기병
161 유방을 만나고자 한 역이기
165 역이기를 통해 진류를 얻는 유방
169 중원지역으로 진출하는 유방
171 낙양까지 진출했다 후퇴한 유방
173 남양을 접수한 유방
178 항우에게 항복하는 장한
181 장한에게 항복을 권한 진여의 편지
185 항우에게 항복하고 옹왕이 된 장한
189 조고의 지마위록
192 두려워하는 조고
194 조고의 쿠데타와 호해의 최후
200 영자영에게 죽는 조고
204 함양으로 향하는 유방

실린 내용

진나라의 멸망

이 책은 《자치통감》 294권 가운데 제8권이며, 〈진기(秦紀)〉로는 제3권에 해당한다. 〈진기(秦紀)〉 세 권 가운데 맨 마지막이므로 진(秦)이 멸망하는 과정을 쓴 것이다. 새로 군사를 일으킨 사람들은 초를 중심으로 칭왕하기 시작하였고, 이들이 연합하여 진의 함양으로 공격해 들어간다.

이른 바 제후들의 군대는 초의 항량을 중심으로 하였지만 항량은 진군을 깨뜨리고 진의 군대를 얕보다가 도리어 진의 장한에게 죽게 된다. 이에 따라 초를 중심으로 한 군사들은 일단 주춤하게 되었고, 초의 군대는 재정비할 수밖에 없었다. 초의 왕에 추대되어 허수아비였던 초왕은 이 기회를 통하여 초의 주도권을 잡으려고 자기를 중심으로 군대를 재편하였지만 이에 반발한 항우에 의하여 초 회왕이 임명한 상장군 송의가 죽게 되고 항우가 실권을 장악한다.

항량을 죽이고 초 지역에 대하여 방심한 장한은 북쪽으로 가서 조 지역을 경략하려고 하였지만 그 사이에 초는 전열을 정비

한다. 특히 유방과 항우가 길을 나누어 진의 도읍인 함양으로 진격한다.

그러는 사이에 유방은 후에 항우와의 쟁패전에서 활약하는 인물들인 장량, 역이기, 팽월 같은 사람을 만나게 된다. 그뿐만 아니라 조 지역을 실제로 장악하는데 큰 공로를 세우는 장이와 진여가 갈라지는 사건도 벌어지고, 조의 장군 이량이 조를 떠나 진으로 귀부하는 일이 벌어지는 등 한치 앞을 내다 볼 수 없는 사건이 계속된다.

한편 진나라 조정에서는 각지에서 군사가 일어나서 함양을 향해 오고 있는데, 권력을 장악하려는 데만 몰두한 환관 조고가 승상 이사를 모함하여 죽이고 승상이 되고나서 2세 황제 호해를 죽이고 전권을 장악하였다.

하지만 밖에 나가 싸우는 장한을 뒷받침 해주지 않는 바람에 진군이 수세에 몰리게 한다. 진군이 수세에 몰리자 조고는 그 책임이 두려워 2세 황제 호해를 죽이고, 호해의 조카이자 조고가 속여 죽인 부소의 아들 영자영을 왕으로 세운다. 그러나 이 사실을 안 영자영이 조고를 죽인다.

이 책에서는 망할 수 없었던 진나라가 망하게 된 이유를 잘 설명하고 있다. 이것이 끝나면 제9권부터는 〈한기(漢紀)〉가 시작되고 진나라가 완전히 망하고 이어서 유방과 항우의 쟁패전이 벌어지게 된다.

[일러두기]

1. 《자치통감》 기사 앞에 붙은 숫자는 대만 세계서국의 《신교자치통감》을 따랐다.

2. 원문에서 《자치통감》은 본문에, 《자치통감강목》과 《통감절요》는 각주에 달아 표시하였다.

3. 《자치통감강목》은 【강목】으로 표시하고 다시 (강)과 (목)으로 구분하였다. 《통감절요》는 【절요】라고 표시하였다.

유방의 첫 번째 전투

원문번역

진 2세 황제 2년(癸卯, 기원전 208년)

1 겨울, 10월에 사천(泗川, 강소성 沛縣)의 군감(郡監)인 평(平)이 군사를 거느리고 풍(豐, 강소성 豐縣)에서 패공(沛公 ; 유방)을 포위하였는데, 패공이 나아가서 더불어 싸워서 이들을 깨뜨리고, 옹치(雍齒)로 하여금 풍을 지키게 하였다. 11월에 패공이 군사를 이끌고 설(薛, 산동성 滕縣)로 갔다. 사천 군수 장(壯)의 군사가 설에서 패하고 도망쳐서 척(戚, 산동성 嘉祥縣)에 이르자 패공의 좌사마(左司馬)인 득(得)이 이를 죽였다.

원문

二世皇帝 二年

1 冬, 十月, 泗川監平將兵圍沛公於豐, 沛公出與戰, 破之; 令雍齒守豐. 十一月, 沛公引兵之薛. 泗川守壯兵敗於薛, 走至戚; 沛公左司馬得殺之.

【강목|절요】*

평설

　유방이 군사를 일으키고 나서 처음으로 진(秦)의 군사와 전투를 한 내용이다. 물론 유방이 진의 본거지인 함양으로 향하는 것은 아니었다. 유방이 기병한 강소성 일대에는 아직도 진으로부터 관직을 받아 그 지역을 통치하는 사람들이 많이 있는 상태였기 때문이다. 유방이 좀 더 큰 세력으로 성장하기 위해서는 기병한 지역을 중심으로 그 세력을 넓혀가야 했다.

　첫 번째 유방의 전투는 진의 사천감이 기병한 유방의 군사를 진압하기 위해 유방의 출생지인 풍을 공격하여 포위한 사건에서 일어난다. 유방은 진군의 공격을 잘 막아내고 승리한 후 옹치에게 그 지역을 맡겼다.

　그리고 그 다음달인 11월에 유방은 군사를 이끌고 산동성 지역인 설로 갔는데, 유방을 공격하였던 사천 군수가 그곳으로 갔기 때문인 것으로 보인다. 사천 군수는 유방의 공격을 받고 척으로 도망쳤지만 유방의 좌사마가 그를 죽였기 때문에 유방은 실패하지 않은 것으로 기록되고 있다. 유방은 진 세력의 진압을 무사하게 넘긴 셈이 되었다.

―――――――――

*【강목】(강) 癸巳二年 (목) 楚懷王心元 趙王歇元 齊王田市元 燕王韓廣二 魏王豹元 韓王成元年 (강) 十月, 秦兵圍沛公於豐, 沛公出戰破之 (목) 沛公既破秦軍, 令雍齒守豐而之薛, 齒降魏. 【절요】癸巳二年

그러나 여기에 등장하는 옹치가 유방의 지시대로 풍현을 제대로 지킨 것은 아니었다. 그는 처음에는 유방을 따랐으나 유방을 가벼이 보고 다음해에 유방이 어려워지자 풍읍을 가지고 위의 주시에게 항복한다.

이 때문에 곤혹스러워진 유방은 그후 옹치에 대하여 한을 품게 된다. 그러나 《자치통감》에는 이에 관하여 쓰지 않고 유방이 이긴 기록만 적고 있다.

그런데 《강목》에서는 옹치가 위에 항복하였다는 것을 기록하여 옹치가 자발적으로 위에 간 것이 아니라는 뉘앙스를 주고 있다. 《절요》에서는 이에 관하여 전혀 아무런 기록을 하지 않고 전부 생략하였다.

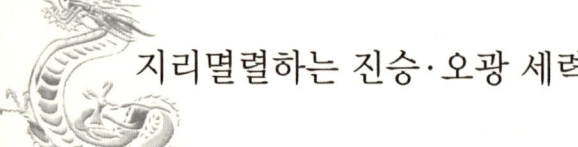
지리멸렬하는 진승·오광 세력

원문번역

2 주장(周章 ; 초의 대장)이 관[函谷關]을 나와 조양(曹陽, 하남성 靈寶縣 남쪽)에서 머물러 주둔하였는데, 두 달이 넘어서 장한(章邯 ; 진의 장수)이 추격하여 그를 패배시키니, 다시 면지(澠池, 하남성 澠池縣)로 도망하였고 10여 일이 되었는데, 장한이 공격하여 이를 대파하였다. 주문(周文, 周章 ; 초의 장수)은 목매어 자살하고, 군사들은 드디어 싸우지 않았다.

오숙(吳叔, 吳廣, 초의 임시왕)이 형양(滎陽, 하남성 滎陽縣)을 포위하고, 이유(李由, 진승상 이사의 아들)가 삼천(三川, 하남성 洛陽縣)의 군수가 되어 형양을 지키니, 오숙은 떨어뜨릴 수 없었다.

초의 장군 전장(田臧) 등이 서로 모의하여 말하였다.

"주장의 군사는 이미 깨져버렸으니, 진의 군사가 조석 간에 이를 것이다. 우리는 형양성을 포위하고 떨어뜨릴 수 없으니, 진의 군사가 도착하면 반드시 대패할 것이므로 군사를 조금 남겨서 형양을 지키게 하고, 정예의 병사를 모아 진의 군사를 맞이하는 것만 못하다. 지금 가왕(假王, 오광을 말함)은 교만하고 병권을 알지 못하여 함께 일을 도모하기에는 부족하니, 패할까 걱정이다."

이어서 서로 더불어 왕령(王令)에 의탁하여서 오숙을 주살하고, 그 머리를 진왕(陳王, 陳勝)에게 바쳤다. 진왕은 사자로 하여금 전장에게 초의 영윤인(令尹印)을 하사하고 상장으로 삼았다. 전장은 마침내 제장(諸將, 일반장수) 이귀(李歸) 등으로 하여금 형양을 지키게 하고, 스스로 정예의 병사를 가지고 서쪽으로 가서 오창(敖倉, 하남성 滎陽縣 서북쪽)에서 진의 군사를 맞이하여 더불어 싸웠는데, 전장은 죽고 군사도 깨졌다.

장한이 군대를 진격시켜서 이귀 등을 공격하여 형양 아래에서 격파하였는데, 이귀 등이 죽었다. 양성(陽城, 하남성 登封縣) 사람 등열(鄧說)이 군사를 거느리고 담(郯, 하남성 郯縣)에 있었는데, 장한의 별장이 이를 공격하여 격파하였다. 질(銍, 안휘성 宿縣) 사람 오봉(伍逢)이 군사를 거느리고 허(許, 하남성 許昌縣)에 있었는데, 장한이 이를 공격하여 격파하였다. 두 사람의 군대가 모두 흩어져서 진(陳)으로 도망하니 진왕이 등열을 주살하였다.

원문

2 周章出關, 止屯曹陽, 二月餘, 章邯追敗之; 復走澠池, 十餘日, 章邯擊, 大破之. 周文自剄, 軍遂不戰.

吳叔圍滎陽; 李由爲三川守, 守滎陽, 叔弗能下. 楚將軍田臧等相與謀曰:"周章軍已破矣, 秦兵旦暮至. 我圍滎陽城弗能下, 秦兵至, 必大敗, 不如少遺兵守滎陽, 精兵迎秦軍. 今假王驕, 不知兵權, 不足與計事, 恐敗."因相與矯王令以誅吳叔, 獻其首於陳王. 陳王使使賜田臧楚令尹印, 以爲上將.

田臧乃使諸將李歸等守滎陽, 自以精兵西迎秦軍於敖倉, 與戰; 田臧死 軍破. 章邯進兵擊李歸等滎陽下, 破之, 李歸等死. 陽城人鄧說將兵居郯, 章邯別將擊破之. 銍人伍逢將兵居許, 章邯擊破之. 兩軍皆散, 走陳, 陳王誅鄧說.

【강목|절요】*

평설

맨 처음 기병한 진승과 오광의 세력은 그들이 파견한 주장이 함곡관을 넘지 못하고 패한 것에서부터 약해지기 시작하였다. 주장이 진의 장수 장한에게 패배하자 이들에게는 공포가 엄습해 왔다. 그 위에 오광의 군대도 진 승상 이사의 아들 이유를 제대로 공격하지 못했다. 그 결과 오광은 자기 부하 장수인 전장에게 목이 베였다. 자중지난이 일어난 것이다.

한편, 여기에서 장초왕 진승을 진왕으로 쓰고 있는데, 이는 성이 진(陳)인 왕이라는 말도 되고, 그가 도읍한 지역이 진이어

---

*【강목】 (강) 十一月, 章邯追敗楚軍於澠池, 周文走死 ○楚田臧殺其假王吳廣, 進與秦戰敗死. (목) 吳廣圍滎陽, 三川守李由拒之, 廣不能下, 裨將田臧等, 矯王令誅之, 獻其首於王, 王以臧爲上將, 西迎於秦軍戰死. 【절요】 내용없음

서 진에 있는 왕이라는 말이라고 할 수 있으니 진승을 깎아내리는 호칭이라고 할 수 있다.

아무튼 전장은 자기 왕의 목을 베어 진승에게 헌상했다. 진승의 입장에서는 초의 임시왕 오광은 경쟁자이기는 하지만 같이 기병했던 협력해야 할 세력이었다. 그러므로 그 오광의 목을 벤 오광의 수하 장수를 받아 주어서는 안 되었다.

그러나 이미 그를 통제할 힘이 없다는 것을 알고 있었던 진승은 오히려 그를 상장으로 삼는 타협을 하였다. 그리고 이렇게 상장이 된 전장도 제대로 싸우지 못하고 전사하였다.

한편 새로이 진의 장수가 된 장한이 반란 세력을 하나씩 쳐부수니 진왕 진승의 세력은 날로 위축되고 있었다. 반란 세력에 대한 진(秦)의 반격이 가능하다는 것을 보인 것이다.

이 사건은 진승과 오광의 세력이 급격히 약해지게 되는 이유를 설명하는 내용이다. 그런데 《절요》에서는 이 내용을 한 줄도 다루지 않았고, 전장이 오광의 목을 벤 일만 기록하여 전후의 맥락을 이해하기 어렵게 되었다. 《강목》에서는 장한의 활약을 강조하여 이를 [강]으로 잡고 있다.

전란 중에 엄혹해지는 진나라

원문번역

3 2세 황제는 자주 이사(李斯)를 나무랐다.

"삼공(三公, 승상, 태위, 어사대부)의 자리에 있으면서 어떻게 도적들로 하여금 이와 같게 하는가!"

이사는 두렵고 무서웠지만 작위와 녹봉을 중히 여겼기에, 나갈 곳을 몰라서 마침내 2세 황제의 뜻에 아부하여 편지를 써서 대답하였다.

"무릇 현명한 군주란 반드시 독려하고 책임지우는 술책을 시행할 수 있는 사람입니다. 그러므로 신자(申子 ; 申不害)는 말하였습니다. '천하를 소유하고 방자하지 않으면 이를 명명(命名)하여 천하를 가진 것이 질곡과 같다.'라고 하였으니, 다른 것이 아니고, 독려하면서 책임지울 수 없고, 돌아보며 그 몸으로 천하의 백성을 위하여 수고롭게 하는데, 요(堯)·우(禹) 같은 사람이 그러하니, 그러므로 이를 질곡이라고 말합니다.'

무릇 신불해와 한비자의 밝은 술책을 닦아서 시행하며 독려

하고 책임지우는 도리를 시행하면서 오로지 천하를 가지고 유유자적할 수 없으면서 헛되이 몸과 마음을 수고하고 피로하게 하여 자기 몸을 백성들에게 바친다면 이는 검수(黔首, 일반 백성)의 일이고, 천하를 기르는 것이 아니니 어찌 귀하다고 할 만하겠습니까?

그러므로 밝은 군주는 독려하고 책임지우는 술책을 시행하는데 홀로 위에서 결단하니 권력이 신하에게 있지 않게 되며 그러한 뒤에 인의의 길을 없애고, 간하는 변론을 끊을 수 있으며, 방자한 마음을 홀로 시행하면 감히 거역하는 사람이 없습니다. 이와 같이 하면 여러 신하들과 백성들은 자기의 허물에서 벗어나기도 힘들 터인데 어찌 변란을 감히 도모하겠습니까?"

2세 황제가 기뻐하니, 이에 독려하고 책임지우는 일을 더욱 엄하게 시행하고, 백성들에게서 세금을 혹독하게 거두는 자는 밝은 관리이며 사람을 많이 죽이는 자는 충신이라고 하니 형벌을 받은 자가 길에 반쯤 되었고, 죽은 자가 저자에 잔뜩 쌓여서 진의 백성들이 더욱 놀라고 두려워 반란을 생각하였다.

원문

3 二世數誚讓李斯: "居三公位, 如何令盜如此!" 李斯恐懼, 重爵祿, 不知所出, 乃阿二世意, 以書對曰: "夫賢主者, 必能行督責之術者

也. 故申子曰:有天下而不恣睢, 命之曰:以天下爲桎梏者, 無他
焉, 不能督責, 而顧以其身勞於天下之民, 堯・禹然, 故謂之桎梏
也.'夫不能修申・韓之明術, 行督責之道, 專以天下自適也;而徒務
苦形勞神, 以身徇百姓, 則是黔首之役, 非畜天下者也, 何足貴哉!
故明主能行督責之術以獨斷於上, 則權不在臣下, 然後能滅仁義之
塗, 絕諫說之辯, 犖然行恣睢之心, 而莫之敢逆. 如此, 羣臣・百姓
救過不給, 何變之敢圖!"二世說, 於是行督責益嚴, 稅民深者爲明
吏, 殺人衆者爲忠臣, 刑者相半於道, 而死人日成積於市;秦民益
駭懼思亂.

【강목|절요】*

평설

  나라에 위기가 닥쳤을 때에 이를 극복하는 방법이 무엇일까?
가장 중요한 것은 화합과 단결이며, 지혜를 모으는 일일 것이

---

*【강목】 二世數誚讓左丞相李斯, 居三公位, 如何令盜如此, 斯恐懼, 重爵祿, 乃阿
二世意. 以書對曰, 夫賢主者, 必能行督責之術者也. 故申子曰, 有天下而不恣睢, 命
之曰, 以天下爲桎梏. 夫不能行督責之術, 專以天下自適, 而徒勞形苦神, 以身徇百
姓, 若堯・禹, 然則是黔首之役, 非畜天下者也. 故謂之桎梏也. 惟明主能行督責以獨
斷於上. 則權不在臣下. 然後能滅仁義之塗, 絕諫說之辯・犖然行恣睢之心, 而莫之
敢逆. 如此, 羣臣・百姓救過不給, 何變之敢圖. 二世說, 於是行督責益嚴, 稅民深者
爲明吏, 殺人衆者爲忠臣, 刑者相半於道, 而死人日成積於市, 秦民益駭懼思亂.【절
요】二世數誚讓李斯:「居三公位, 如何令盜如此!」李斯恐懼, 乃阿二世意, 以書
對曰:「賢主, 必能行督責之術, 以獨斷於上, 羣臣・百姓救過不給, 何變之敢圖!」
二世說, 於是行督責益嚴, 稅民深者爲明吏, 殺人衆者爲忠臣, 刑者相半於道, 而死
人日成積於市;秦民益駭懼思亂.

다. 진(秦) 2세 황제는 사방에서 진에 반대하는 군사가 일어났다는 사실을 확인하고 장한을 장수로 뽑아서 어느 정도는 진승과 오광세력을 패퇴시키고 있었다.

하지만 반란의 근본적인 책임은 승상인 이사에게 있는 것으로 단정하였다. 이사가 당시에 가장 높은 승상의 자리에 있었기 때문이다. 물론 이사에게 책임이 전혀 없는 것은 아니지만 이렇게 된 데에는 이사보다는 황제인 호해의 무능과 권력을 다툼하는 조고가 더 책임이 클 것이다.

그러나 이사가 이러한 이야기를 할 처지는 아니었다. 그래서 호해의 성향에 알맞은 건의를 하였다. 다른 사람에게 책임을 지워야 한다는 말과 밑의 사람을 혹독하게 부려서 반란할 생각을 가질 틈을 주어서는 안 된다는 내용이었다. 이러한 논리는 겉으로 보면 그럴 듯하지만 일시적인 효과만 있는 것이다.

참을 수 있는데까지 참을 수는 있겠지만 사는 것이 죽는 것만 못하다고 느껴질 때에는 그 통제는 힘을 발휘하기 어렵다. 그래서 역사에서 통제적 정책이 실패로 끝나는 것을 수 없이 찾아 볼 수 있다.

이사의 건의로 이 정책을 시행하자 진의 백성들은 평화가 오기를 기다리는 것이 아니라 오히려 혼란이 닥쳤으면 좋겠다는 생각을 한다. 이러한 생각이 사회 전체에 팽배할 때에 누군가 자극만 주면 폭발하게 된다. 그러나 먼 안목을 갖지 못하면 통제에 의한 질서 유지라는 정책에 솔깃하게 마련이다.

호해도 다르지 아니하여 이 정책을 건의 받고 즐거워한다. 당장의 책임을 면하기 위하여 승상인 이사는 억지의 정책으로 황제를 농락하고, 바보 같은 황제 호해는 이를 진정한 정책으로 받아들인 것이다.

《절요》에서는 이사가 엄형정책을 쓰자는 내용만을 기록하고 있다. 이것만으로는 왜 그러한 정책이 나오게 되었는지에 대한 배경을 알기가 어렵다.

《강목》에서는 이 부분을 거의 다 기록하면서도 그 배열 순서는 훨씬 뒤에 일어나는 사건인 '○秦下右丞相馮去疾·左丞相李斯·吏去疾自殺 要斬斯夷三族以趙高爲中丞相'의 밑에 〔목〕으로 옮겨서 배열하고 있다.

《강목》에서는 2세 황제와 조고, 그리고 이사 간에 벌어진 사건을 이 부분으로 다 모아 놓고 있다. 이는 진 조정의 상황을 파악하는 데는 도움이 될 수 있지만 전선의 상황과 조정의 상황을 연계해서 파악하는 데는 괴리가 있을 수 있다.

이 부분에 실은 《강목》의 〔목〕 부분은 후에 보이는 〔강〕의 '○秦下右丞相馮去疾·左丞相李斯·吏去疾自殺 要斬斯夷三族以趙高爲中丞相' 밑에 있는 〔목〕의 8개 단락 가운데 첫 번째 단락이다.

진(秦)으로 가게 되는 조나라 장수

원문번역

4 조의 이량(李良)이 벌써 상산(常山, 하북성 元氏縣)을 평정하고 돌아와서 조왕에게 보고하였다. 조왕이 다시 이량으로 하여금 태원(太原, 산서성 太原市)을 경략하게 하니, 석읍(石邑, 하북성 獲鹿縣)에 이르렀는데 진의 군사가 정형산(井陘山, 常山郡 石邑縣 서쪽에 있음)을 막고 있어서 앞으로 나아갈 수가 없었다.

진의 장수가 거짓으로 2세 황제의 편지를 만들어서 이량을 초청하였다. 이량이 편지를 받았지만 아직은 믿지 못하고 한단으로 돌아가서 군사를 더 요청하려고 하였다. 아직 도착하지 않았는데, 도중에 조왕의 누이가 나와서 술 마시고 있는 것을 만났고, 이량은 멀리서 바라보고는 왕[趙王]이라고 생각하고 엎드려 길옆에서 배알하였다. 왕의 누이는 술에 취하여 그가 장수라는 것을 알지 못하고 기사를 시켜서 이량에게 감사하게 하였다.

이량은 본디 귀한 사람이었는데, 일어나서 그의 시종관에게 부끄러워하였다. 시종관 한 사람이 말하였다.

"천하가 진을 배반하게 되니 능력 있는 사람이 먼저 자립을 하고 있습니다. 또 조왕도 본디에는 장군의 밑에서 나왔는데, 이제는 저 여자가 마침내 장군을 위하여 수레에서 내리지도 않으니 바라건대 쫓아가서 그를 죽이십시오."

이량이 이미 진의 편지를 얻었으므로 정말로 조를 배반하려고 하였으나 아직 결정을 못하고 있었는데, 이로 인하여 화가 나서 사람을 파견하여 왕의 누이를 쫓아가 죽이고, 이어서 그 군사를 이끌고 가서 한단을 습격하였다. 한단에서는 모르고 있었으니, 결국 조왕(趙王, 武臣)과 소소(邵騷, 좌재상)를 죽였다. 조인(趙人)들은 대부분 장이와 진여의 귀와 눈 노릇을 하고 있었으니 이런 까닭에 두 사람은 죽지 않고 벗어날 수가 있었다.

원문

4 趙李良已定常山, 還報趙王. 趙王復使良略太原; 至石邑, 秦兵塞井陘, 未能前. 秦將詐爲二世書以招良. 良得書未信, 還之邯鄲, 益請兵. 未至, 道逢趙王姊出飮, 良望見, 以爲王, 伏謁道旁. 王姊醉, 不知其將, 使騎謝李良. 李良素貴, 起, 慚其從官. 從官有一人曰: "天下畔秦, 能者先立. 且趙王素出將軍下, 今女兒乃不爲將軍下車, 追殺之!" 李良已得秦書, 欲反趙, 未決; 因此怒, 遣人追殺王姊, 因將其兵襲邯鄲. 邯鄲不知, 竟殺趙王·邵騷. 趙人多爲張耳·陳餘耳目者, 以故二人獨得脫.

【강목|절요】*

평설

　일찍이 진승의 명을 받고 조 지역을 평정하고 조왕이 된 무신(武臣)은 서쪽으로 진과 대결하고 있었다. 이때에 진과 대결하고 있는 조나라의 장수는 이량이었다. 상산을 평정한 전과를 올린 이량에게 조왕 무신은 진을 더 공격하도록 하였다.

　진의 입장에서는 이량을 유혹하여 자기편으로 만드는 것이 중요한 정책이 될 수 있었다. 그리하여 진에서는 이량에게 진의 편에 서도록 유혹하는 편지를 보냈다. 하지만 이량이 곧바로 진의 유혹에 넘어가지는 않았다. 오히려 진의 본거지를 공격하기 위한 중요한 관문인 정형관을 공격할 군사를 요청하기 위하여 조의 도읍인 한단을 향해 가고 있었다.

　그런데 문제는 엉뚱한데서 불거졌다. 이량이 한단으로 가는 도중에 술에 취한 조왕 무신의 누이를 만났다. 물론 동생이 조왕이니까 귀인임에 틀림없지만, 그렇다고 무신이 조나라 전체를 장악했다거나 스스로의 힘을 가지고 있는 상태는 아니었다.

---

* 【강목】(강) 趙將李良弑其君武臣 (목) 李良已定常山, 還報, 復使畧太原, 良還請益兵, 道逢趙王姊, 良以爲王伏謁道旁, 王姊醉不知其將, 使騎謝之, 良慙怒殺王姊, 遂襲邯鄲, 殺趙王, 趙人多爲張耳陳餘耳目者, 故二人獨得脫. 【절요】 趙將李良, 襲殺趙王.

조나라 이량의 병변(기원전 208년)

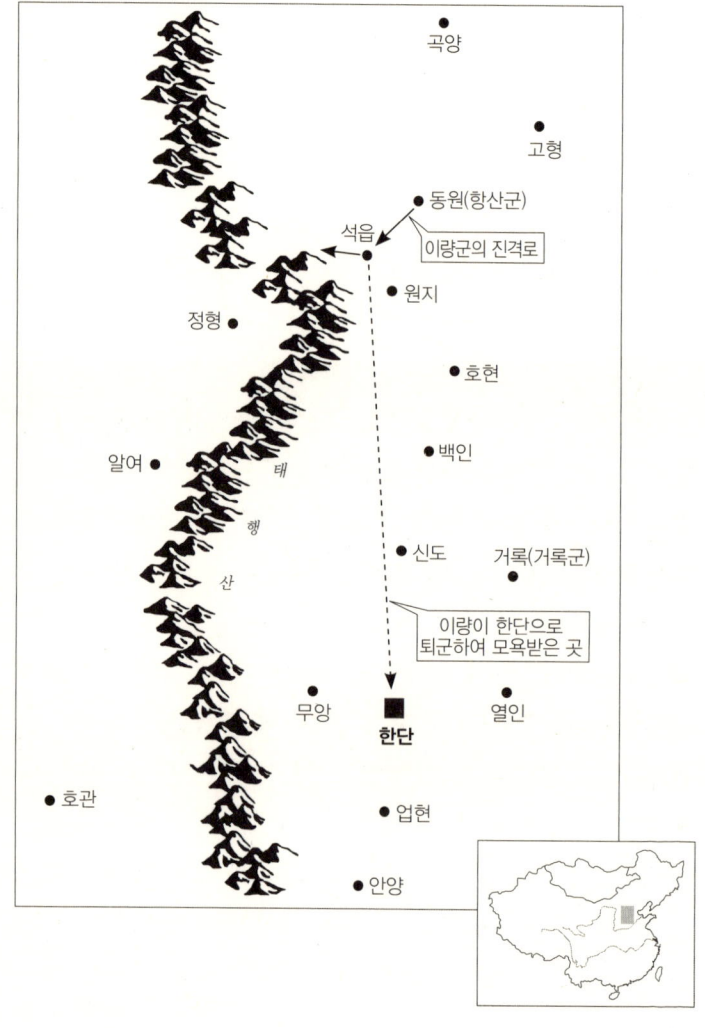

그저 전란 통에 어떻게 하다 보니까 왕이 된 사람이었다.
그러므로 그의 누이란 더 말할 것도 없다. 오히려 자기 동생의 성공을 위해서는 자중해야 했고, 겸손해야 했는데 술에 취하여 일선에서 목숨을 걸고 싸웠던 맹장 이량을 알아보지 못한 것이다. 이량은 멀리서 조왕 무신의 누이 일행을 보고 조왕인줄로 착각하고 최경례를 치렀는데, 무신의 누이는 술에 취하여 이량을 알아보지 못하고 사태를 수습하지 못했다.
이량은 얼떨결에 아녀자에게 최경례를 해 놓고 자존심이 몹시 상했다. 그래서 부하의 건의에 따라서 이들을 다 죽이고, 내친김에 자기를 부리는 조나라로 칼끝을 돌렸다. 진과 대결하던 군사들이었으니 이량의 전력은 강하였다. 결국 이 사실을 모른 채 한단에 있던 조왕 무신과 주요 인물들은 이량의 공격을 감당하지 못하고 이량에게 죽임을 당하였다.
역사는 계산대로 진행되지 않는다. 우연한 사건이 사태를 반대로 진행되게 만든다. 우연한 일이 대세를 그르치게 하지 않기 위하여서는 매사에 주의하고 주도면밀해야 하는데, 자기 가족 관리를 제대로 못한 것이 엉뚱한 화를 가져 온 것이다. 역사의 우연성이다.
사실 무신이 조왕이 된 것도 우연이었다. 조 지역의 실력자는 장이와 진여인데, 무신이 이들보다 나이가 많다는 이유 때문에 조왕이 되라고 한 것이다. 실력으로 왕이 된 것이 아니니, 언젠가는 쫓겨날 처지였지만 너무 일찍 다가 왔다. 무신이 우연히 찾아 온 행운을 이용하여 제대로 정치를 하였더라면 그 행운을 지킬 수 있었을지 모른다. 그러나 정치력도 무력도 없는 무신으로서는 언젠가 닥칠 일이었다.

후에 비록 이량이 장이와 진여의 공격을 받았지만, 결국 진의 장수 장한에게 투항할 수밖에 없었던 싹이 이때에 생긴 것이다.

《절요》에서는 이량이 무신을 죽인 사실만을 기록하였는데, 이것만으로는 독자들은 그 이유를 알 수가 없게 되어 있다. 또 《강목》에서도 《절요》보다는 자세히 썼으나 이량이 조왕 무신을 공격하는 두 가지 이유 가운데 진나라 장수가 이량을 유혹했다는 것을 생략해 버려서 이량을 반쯤만 이해하도록 하였다.

진승의 관할지역에서 일어난 군대

원문번역

5 진인(陳人, 凌人임)인 진가(秦嘉)와 부리(符離, 안휘성 宿縣) 사람 주계석(朱雞石) 등이 군사를 일으켜서 담(郯, 산동성 郯城縣)에서 동해군수(東海郡守)를 포위하였다. 진왕은 이 소식을 듣고 무평군(武平君) 반(畔)을 장군으로 삼고, 담(郯) 아래 있는 군대를 감독하게 하였다.
진가는 명령을 받지 않고 자립하여 대사마(大司馬)가 되고 무평군에게 소속되기 싫어서 군리에게 알렸다.
"무평군은 나이도 어리고 군사에 관한 일도 모르니 듣지를 마라!"
이어서 왕명을 고쳐서 무평군 반(畔)을 죽였다.

원문

5 陳人秦嘉·符離人朱雞石等起兵, 圍東海守於郯. 陳王聞之, 使武平君畔爲將軍, 監郯下軍. 秦嘉不受命, 自立爲大司馬; 惡屬武平君,告軍吏曰:"武平君年少, 不知兵事, 勿聽!" 因矯以王命殺武平君畔.

【강목|절요】*

평설

　이 사건은 진승의 영향력이 있는 지역에서 진가와 주계석이 군사를 일으킨 사건이다.

　진승은 이들 군사세력을 자기의 영향 아래 두기 위하여 무평군을 파견하였으나 진가 등은 무평군이 나이도 어리고 군사에 관하여 잘 알지 못한다는 이유로 무평군의 지휘를 받기는커녕 그를 죽였다. 진승은 제일 처음에 군사를 일으켰다는 유리한 고지를 점하고 있었지만 이를 지키기 위해서는 적재적소에 사람을 써야 했는데 이 부분에서 실패한 것이다.

　진승은 군사를 새로 일으킨 진가를 회유하고 수용하여 자기 세력으로 만들려는 정치적 노력 없이 자신이 진왕이라는 높은 자리에 있기에 권위까지 그렇게 높은 줄로 착각하고 있었다. 그래서 사람을 파견하여 진가를 지휘하게 하였는데, 그 파견된 사람이 진가를 수용하고 지휘할만한 인물이 아니었다. 결과는 진승이 파견한 무평군 반(畔)은 진가에게 죽임을 당해야 했다.

　이는 사건 하나를 제대로 처리하지 못한 진승의 세력이 오래

---

*【강목】(강) 秦嘉起兵於郯 【절요】 내용없음

갈 수 없음을 말해주는 사건이다. 진승의 기병은 우연한 일로 벌어졌다. 준비되지 못한 상태에서 일어난 것이 제대로 성공하기란 어렵다는 것을 말해 주고 있다.

한편 《자치통감》에서는 진가를 진(陳, 남경) 사람이라고 했으나, 〈진승전〉에는 능(凌, 江蘇 泗陽) 사람이라고 하였다. 《절요》에서는 이 부분이 생략되었고, 《강목》에서도 진가가 군사를 일으킨 것만 써 놓고 있다. 이러한 기록만으로는 후에 진승이 실패하게 되는 이유를 제대로 알기 어려울 것이다.

마부에게 죽은 진승

원문번역

6 2세 황제는 장사(長史, 장한의 부하)인 사마흔(司馬欣)·동예(董翳)를 더 파견하여 장한을 도와서 도적들을 치게 하였다. 장한이 이미 오봉(伍逢)을 깨뜨렸고, 진(陳)의 주국인 방군(房君 : 채사)을 공격하여 그를 죽이고, 또 나아가서 진(陳)의 서쪽에 있는 장하(張賀)의 군사를 쳤다. 진왕이 나아가서 전투를 감독하였지만 장하가 죽었다.

납월(臘月, 12월)에 진왕(陳王)이 여음(汝陰, 안휘성 阜陽縣)으로 갔다 돌아오다가 하성보(下城父, 안휘성 亳縣)에 도착하였는데, 그의 마부인 장가(莊賈)가 진왕을 죽이고 항복하였다.

처음에, 진섭이 이미 왕이 되고 나자, 그의 옛 친구들이 모두 가서 그에게 의지하였었다. 그 처의 아버지도 또한 그에게 갔는데, 진왕은 여러 손님들 가운데 한 사람으로 그를 대우하고는 길게 읍(揖)하기만 하고 절을 하지 않았다.

처의 아버지가 노하여 말하였다.

"혼란을 믿고 왕호를 참칭(僭稱)하고서 어른에게 오만하게 구는 사람이니 오래갈 수가 없겠구나!"

인사도 안하고 떠났다. 진왕이 무릎을 꿇고 사죄하였으나 끝내 돌아보지도 않았다.

손님들의 출입이 더욱 많아지니 멋대로 굴며 진왕의 옛 일을 말하였다. 어떤 사람이 진왕에게 말하였다.

"손님들이 어리석고 무지하여 오로지 망령된 말을 하여 위엄을 가볍게 합니다."

진왕이 그를 참수하였다. 여러 옛 친구들은 모두 스스로 가버렸고, 이로 말미암아서 진왕에게는 친한 사람이 없었다.

진왕은 주방(朱防)을 중정(中正, 인사담당)으로 삼고 호무(胡武)를 사과(司過, 과실 처리 담당자)로 삼아서, 여러 신하를 관장하게 하였다. 제장들이 땅을 경략하고 도착하였는데, 명령하여 그대로 하지 않은 사람은 번번이 잡아서 그에게 죄를 주었다.

그는 가혹하게 감찰하는 것을 충성으로 생각하고, 그가 좋지 않다고 여기면 관리〈형리〉에게 내려 보내지 않고 번번이 자기 스스로 이를 처리하였다. 제장들이 그러한 연고로 하여 친하게 붙지 않았는데 이것이 그가 패한 까닭이다.

원문

6　二世益遣長史司馬欣·董翳佐章邯擊盜. 章邯已破伍逢, 擊陳柱國房君 殺之; 又進擊陳西張賀軍, 陳王出監戰, 張賀死.

진 장한군의 진승 공격도(기원전 208년)

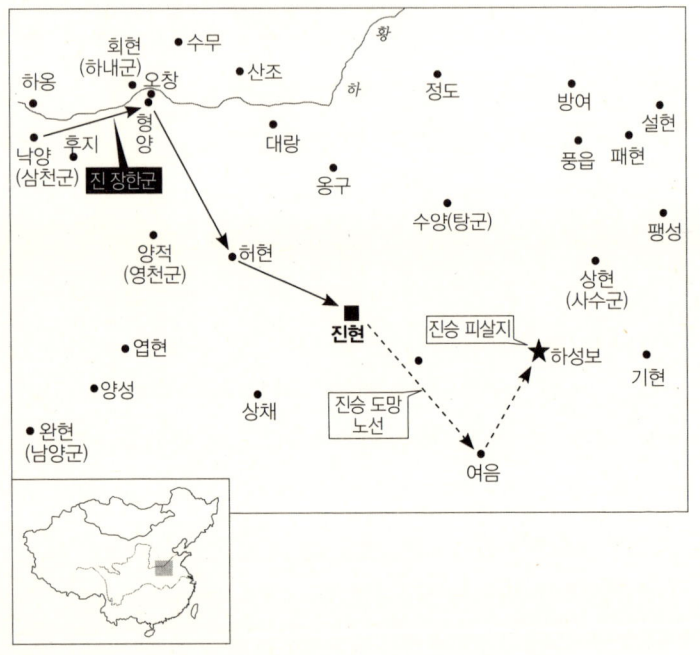

臘月, 陳王之汝陰, 還, 至下城父, 其御莊賈殺陳王以降. 初, 陳涉旣爲王, 其故人皆往依之. 妻之父亦往焉, 陳王以衆賓待之, 長揖不拜. 妻之父怒曰: "怙亂僭號, 而傲長者, 不能久矣!" 不辭而去. 陳王跪謝, 遂不爲顧. 客出入愈益發舒, 言陳王故情. 或說陳王曰 "客愚無知, 顓妄言, 輕威." 陳王斬之. 諸故人皆自引去, 由是無親陳王者. 陳王以朱防爲中正, 胡武爲司過, 主司羣臣. 諸將徇地至, 令之不是, 輒繫而罪之. 以苛察爲忠; 其所不善者, 弗下吏, 輒自治之. 諸將以其故不親附, 此其所以敗也.

【강목|절요】*

평론

여기서는 맨 처음 기병한 진승이 그의 마부인 장가에게 죽은 사건을 기록하고 있다. 앞에서도 말했지만 진승은 우연한 기회에 기병하여 성공했지만 이를 지탱할 능력은 없었던 것으로 보인다. 감당할 수 없이 커진 덩치를 통솔할 수 없었던 진승은 그가 부리는 마부에게 살해 되었다.

진승의 마부는 아마도 진승의 사람됨을 누구보다도 가까운 거리에서 보았을 것이다. 그리고 도저히 어려운 난국을 헤쳐 갈 인물이 못된다고 생각했을 것이다. 그 위에 진의 반격이 심해지

---

* 【강목】 (강) ○秦益遣兵擊楚, 臘月, 楚莊賈弒其君勝以降於秦. 【절요】 二世益遣司馬欣·董翳佐章邯擊盜. 陳王敗走, 其御莊賈, 殺陳王以降.

자 진승이 실패할 것을 짐작하고 먼저 진승을 제거하여 진(秦)에 공로를 세우고자 했을 것이다.

《자치통감》에서는 이렇게 실패하게 된 진승의 사람됨을 진승이 죽은 시점을 이용하여 길게 설명하였다. 처음에 성공하자 안하무인으로 거만하게 되어 가까이 하려던 사람들이 모두 떠났다는 것이다. 그 가운데는 그의 장인까지 포함되어 있음을 서술하여 진승의 실패 이유를 이해하도록 쓰고 있다.

그런데 《절요》에서는 이 내용을 아주 간략하게 기록하였고, 《강목》에서는 다음 '呂臣討賈殺之'를 〔강〕으로 하는 대목의 〔목〕에 보이는 바와 같이 비교적 자세히 기록하고 있다.

진승이 죽은 후에 벌어진 일

원문번역

진왕(陳王)의 옛 연인(涓人 : 侍從官)이며 장군인 여신(呂臣)이 창두군(蒼頭軍, 농민군)을 만들어 신양(新陽, 안휘성 太和縣)에서 일어나서 도리어 진[陳丘, 하남성 淮陽縣]을 공격하여 이를 떨어뜨리고 장가(莊賈)를 죽이고 다시 진(陳)을 초(楚)로 하고, 진왕을 탕(碭, 강소성 碭山縣)에 장사지내고 시호를 은왕(隱王)이라고 하였다.

처음에, 진왕이 질(銍, 안휘성 宿縣) 사람 송류(宋留)에게 명령하여 군사를 거느리고 남양(南陽, 하남성 南陽縣)을 평정하고 무관(武關, 섬서성 商縣 경계 지역)에 들어가게 하였다. 송류가 이미 남양을 경략하고 났는데 진왕이 죽었다는 소식을 듣게 되니 남양은 다시 진(秦)의 것이 되고, 송류가 군사를 가지고 항복하였는데, 2세 황제는 송류를 차열에 처하여 조리를 돌렸다.

원문

陳王故涓人將軍呂臣爲蒼頭軍, 起新陽, 攻陳, 下之, 殺莊賈, 復以陳爲楚; 葬陳王於碭, 諡曰隱王.

初, 陳王令銍人宋留將兵定南陽, 入武關. 留已徇南陽, 聞陳王死, 南陽復爲秦; 宋留以軍降, 二世車裂留以徇.

【강목|절요】*

평설

앞의 단락에 이어지는 이야기이다. 진승이 그의 마부에게 죽은 다음에 진승의 남은 세력들의 움직임을 그린 것이다. 우선 진승이 죽자 진승의 시종관이었던 여신이 군사를 일으켜서 진승을 죽인 장가를 죽였다. 그러나 진승의 명령을 받아서 진과 대결하였던 송류는 그동안에 거두었던 모든 전과가 하루 아침에 물거품이 되자 도리어 진에 항복하였지만 차열당하여 죽는다. 진승의 세력은 완전히 없어진 셈이 되었다.

이 내용은 《절요》에는 없고, 《강목》에는 앞에서 진승의 사람됨에 관한 내용이 목에 길게 설명되고 있다. 그 내용은 거의 《자치통감》과 같다.

---

*【강목】(강) 呂臣討賈殺之 復以陳爲楚 (목) 二世益遣長史司馬欣·董翳佐章邯 擊楚柱國房君殺之 又進擊張賀 賀死 臘月 楚王至下城父 其御莊賈殺之 以降 勝故涓人呂臣爲蒼頭軍起 攻陳殺賈 復以陳爲楚 葬勝於碭 諡曰 隱王 初 勝旣稱王 故人皆往依之 妻之父亦往焉 勝以衆賓待之 長揖不拜 妻之父怒而去 客出入愈益發舒 言勝故情 或曰 客愚無知顓妄言輕威 勝斬之 諸故人皆引去 勝以朱防爲中正 胡武爲司過 主司羣臣以苛察爲忠 諸將不親附 以及於敗.【절요】 내용없음

주시에게로 간 옹치

원문번역

7 위(魏)의 주시(周市)가 군사를 거느리고 풍(豐, 강소성 豐縣)과 패(沛, 강소성 沛縣 ; 劉邦의 근거지)를 경략하고, 사람을 시켜서 옹치(雍齒)를 초대하였다. 옹치는 평소 패공에게 소속되고자 하지 않았으므로 바로 풍을 가지고 위에 항복하였다. 패공이 이를 공격하였다가 이기지 못하였다.

원문

7 魏周市將兵略豐·沛, 使人招雍齒. 雍齒雅不欲屬沛公, 即以豐降魏. 沛公攻之, 不克.

【강목|절요】*

---

* 【강목】내용없음 【절요】내용없음

평설

옹치가 유방을 떠나서 주시에게로 간 사건이다. 주시는 유방이 산동지역으로 간 사이에 당시에 중원지역인 위(魏)를 근거로 세력을 넓히면서 과거에 유방이 군사를 일으켰던 곳으로 향하고 있었다. 당시 주시는 그 지역에서 유방보다 세력이 컸는데, 주시가 옹치에게 오라고 하자 유방을 버리고 간 것이다. 유방이 진으로부터 자기 고향 풍을 장악하고 옹치에게 지키도록 하였었는데, 옹치가 유방을 배반한 것이다.

단순히 눈에 보이는 손해는 옹치와 풍을 잃은 것뿐이지만 계속적으로 사람을 모으고 영역을 넓혀가야 하는 유방의 입장에서는 큰 타격이 되었다. 그리하여 유방은 옹치를 공격하였지만 이 또한 성공하지 못하였다.

유방은 이 때문에 그 후로도 옹치에 대하여 좋지 않은 감정을 갖게 되었다. 물론 후에 옹치가 다시 유방에게 갔고, 유방은 한 사람이라도 필요하기 때문에 그를 받아 주기는 했지만 그 앙금은 풀리지 않았다. 결국 유방은 항우에게서 승리하고 난 다음에 부하장군들의 불안한 마음을 안정시키기 위하여 마음속으로는 좋지 않은 감정을 가진 옹치를 적절히 이용하여 위기를 벗어난다. 여기에 유방의 정치력이 나타나고 있다.

이 내용은 간단하기는 하지만 유방의 정치력을 파악하는데, 꼭 알아야 할 사건이다. 그런데 《절요》와 《강목》에서는 모두 이를 생략하고 있다.

조왕을 세운 장이와 진여

원문번역

8 조(趙)의 장이와 진여가 그들의 흩어진 군사를 모아 수만 명을 얻어서 이량(李良)을 치니, 이량이 패하여 도망쳐서 장한에게로 돌아갔다.

어떤 빈객이 장이와 진여에게 유세하였다.

"두 분은 여행객일 뿐이니, 조에게 귀부하려 한다면 독립하기가 어려울 것이고, 조를 세운 다음에 마땅한 방법으로 보필한다면 공로를 이룩할 수 있을 것입니다."

마침내 조헐(趙歇)을 찾아낼 수 있었다. 봄, 정월에 장이와 진여는 조헐을 세워서 조왕으로 삼고, 신도(信都, 하북성 冀縣)에 거처하였다.

원문

8 趙張耳·陳餘收其散兵, 得數萬人, 擊李良; 良敗, 走歸章邯.

客有說耳·餘曰: "兩君羈旅, 而欲附趙, 難可獨立; 立趙後, 輔以誼, 可就功."乃求得趙歇. 春, 正月, 耳·餘立歇爲趙王, 居信都.

【강목|절요】*

평설

　북쪽 조 지역에서의 사건이다. 조왕이던 무신이 이량에게 죽자 진여와 장이는 우선 몸을 피하였다가 군사를 모아 이량을 공격하였고 이량은 진의 장한에게로 도망갔다. 조 지역에서 문제를 일으킨 이량을 물리치고 원래의 영역을 회복하기는 했지만 조왕 무신이 죽었으므로 누구를 내세워 조 지역을 관리할 것이냐의 문제가 대두되었다. 물론 조 지역을 경략한 중심인물은 장이와 진여였지만 그러나 그들 스스로 이 지역을 관리하겠다고 나서는 데는 문제가 있었다.

　당시의 사람들은 진이 없앤 봉건국의 재건을 바라고 있었다. 그렇다면 전국시대에 조 지역의 터줏대감은 조씨였다. 위열왕으로부터 제후로 승격된 사람이 조적이고 그 후손들이 이 지역의 지배자였기 때문이다. 진여나 장이는 타지에서 온 사람이기 때문에 자칫 지역 사람들의 반발을 불러 올 수 있는 상황이었다. 이러한 논리를 펼치는 논객(論客)의 말을 듣고, 진여와 장이는 조씨 가운데 조헐이라는 사람을 찾아내어 그를 조왕으로 삼

---

* 【강목】(강) 春正月 趙將張耳·陳餘立趙歇爲王 (목) 張耳陳餘收散兵 得數萬人 擊李良 良敗走 客有說之者曰 兩君羈旅 難可獨立 立趙後 輔以誼 可就功 乃求得歇 立之 居信都. 【절요】張耳·陳餘收散兵擊良, 乃求趙後, 立趙歇爲趙王.

아 죽은 무신의 뒤를 잇게 했다.

　성공은 힘만으로 되는 것이 아니라는 것을 진여와 장이는 잘 이해하고 있었다. 조금은 참으면서 기회가 오기를 기다리며 실질적인 힘을 기르는 방법을 택한 것이다. 다른 사람에 의하여 높은 자리에 오른 사람은 자기 힘을 발휘할 수 없고 오히려 오르게 한 사람의 하수인이 될 뿐이다. 조헐은 그저 허수아비일 뿐이지만 겉으로는 조나라를 이어야 할 명분을 가진 사람이었다.

　《절요》에서는 이 내용이 앞으로 옮겨 놓고 있다. 너무 생략한 것이 많기 때문에 이량이 무신을 죽인 부분의 다음에 놓고 있는 것이다. 《강목》에서는 조헐을 세운 시점만을 빼고 거의 모두를 기록하였다.

경포의 등장

원문번역

9 동양(東陽) 녕군(甯君)과 진가(秦嘉)가 진왕의 군사가 패하였다는 소식을 듣고 마침내 경구(景駒)를 세워 초왕으로 삼고 군사를 이끌고 방여(方與, 산동성 魚台縣)로 가서 정도(定陶, 산동성 定陶縣) 아래에서 진(秦)의 군사를 치려고 하여, 공손경(公孫慶)으로 하여금 제에 사신으로 가서 그들과 더불어 힘을 합하여 함께 진격하고자 하였다.

제왕이 말하였다.

"진왕이 싸워서 패하여 그의 생사를 아직 모르는데, 초에서는 어찌하여 청하지도 않고 다시 왕을 세운단 말이오!"

공손경이 말하였다.

"제(齊)는 초에 청하지도 않고 왕을 세웠는데, 초는 어찌하여 제에 청하고서 왕을 세운단 말입니까! 또 초는 먼저 일을 벌이었으니 마땅히 천하에 호령하여야 합니다."

전담(田儋 ; 제왕)이 공손경을 죽였다.

진(秦)의 좌·우 교위가 다시 진[陳丘, 하남성 淮陽縣]을 공격하여 이를 떨어뜨렸다. 여장군(呂將軍)이 달아나자 군사를 초청하여 다시 모았는데, 파(番, 강서성 鄱陽縣)의 도적 경포(黥布)와 만나서 진(秦)의 좌·우 교위를 공격하고, 이를 청파(靑波, 하남성 息縣과 蔡縣 경계 지역에 있는 하천)에서 격파하여 진(陳)을 다시 초의 것으로 만들었다.

경포란 사람은 육(六, 안휘성 六安縣) 사람이다. 성은 영씨(英氏)이며, 법에 연루되어 경형(黥刑, 얼굴에 묵을 뜨는 형벌)을 받았다가 형도로 처분되어 여산(驪山)으로 보내졌었다. 여산의 형도는 수가 10만 명이었는데, 경포는 모두 그 형도의 우두머리와 호걸 등과 연락하고 교제하여 마침내 그 무리들을 통솔하여 강중(江中, 長江 일대)으로 도망쳐서 도적떼가 되었다.

파양(番陽, 강서성 鄱陽縣) 현령 오예(吳芮)는 강호 지역에서 민심을 아주 많이 얻어서 파군(番君)이라고 불렸다. 경포가 가서 그를 보니 그 무리가 이미 수천 명이었다. 파군은 이에 그의 딸을 처로 삼게 하고 그의 군사들을 거느리고 진(秦)을 치게 하였다.

원문

9 東陽甯君·秦嘉聞陳王軍敗, 迺立景駒爲楚王, 引兵之方與, 欲擊秦軍定陶下；使公孫慶使齊, 欲與之幷力俱進. 齊王曰:"陳王戰敗, 不知其死生, 楚安得不請而立王！"公孫慶曰:"齊不請楚而立王, 楚何故請齊而立王！且楚首事, 當令於天下." 田儋殺公孫慶.
秦左·右校復攻陳, 下之. 呂將軍走, 徵兵復聚, 與番盜黥布相遇,
攻擊秦左·右校, 破之靑波, 復以陳爲楚.

黥布者, 六人也, 姓英氏, 坐法黥, 以刑徒論輸驪山. 驪山之徒數十
萬人, 布皆與其徒長豪桀交通, 乃率其曹耦亡之江中爲羣盜. 番陽
令吳芮, 甚得江湖間民心, 號曰番君. 布往見之, 在其衆已數千人.
番君迺以女妻之, 使將其兵擊秦.

【강목|절요】*

평설

맨 처음에 기병한 오광과 진승이 잇달아 죽자 이들이 기병했
건 초 지역은 다시 진(秦)으로 귀속될 처지가 되었다. 이 때에
진가가 군사를 일으켜서 경구를 새로운 초왕으로 세우고 진과
대항하려 하였으나 힘이 부친다고 생각하였는지 그 동북쪽에
있는 제의 전담에게 힘을 합하자고 제안하였다. 그러나 초에서
새로운 왕을 세우면서 이웃인 제나라와 상의하지 않았다는 이
유로 이 계획은 수포로 돌아갔다.

이때에 나타난 사람이 경포였다. 여산의 형도였던 그는 군도

---

*【강목】(강) 秦嘉立景駒爲楚王ㅇ秦攻陳下之 呂臣走 得英布 軍還復取陳 (목) 布
六人也 嘗坐法黥 論輸驪山 驪山之徒數十萬人 布皆與其徒長豪傑交通 乃亡之江中
爲羣盜 番陽令吳芮 甚得江湖間心 號曰番君 布往見之 其衆已數千人 番君以女妻之
使將其兵擊秦. 【절요】陳人秦嘉兵起於郯, 聞陳王軍敗, 乃立景駒爲楚王.

(羣盜)가 되었다가 혼란한 틈을 타고 세력을 넓히던 중 이 지역에서 인심을 얻은 파군과 연합하여 진(秦)에 대항할 세력을 만들어 나간다.

《절요》에서는 경구를 초왕으로 세운 것만 기록하고 경포의 등장은 생략하였다. 앞으로 경포의 활동을 이해하기 위해서는 이 때에 경포가 등장한 것을 알아야 한다. 그런데 이것을 생략한 것이다. 그러나 《강목》에서는 대체적으로 이 내용을 기록하고 있다.

《자치통감》에 동양영군(東陽甯君)과 진가가 나오는데, 해석에 따라서 경구를 초왕으로 세운 사람이 동양(東陽, 안휘성 天長縣)의 영군이라는 사람과 진가 두 사람이라고도 볼 수 있다. 물론 동양영군이라는 사람은 다음에도 나오지만 이 사람이 동양의 영군이냐 아니면 동양영군으로 볼 것이냐의 문제는 해결되지 않았다. 그런데 《절요》와 《강목》에서는 진가만 거론하고 동양영군을 거론하지 않았다.

장량을 얻은 유방

원문번역

10 초왕 경구(景駒)가 유(留, 강소성 沛縣 동남쪽)에 머물러 있었는데, 패공이 가서 그를 좇았다. 장량(張良)도 젊은이 100여 명을 모아 가서 경구를 좇으려고 하였는데, 길에서 패공을 만나자 드디어 그의 소속이 되니, 패공이 장량에게 벼슬을 주어 구장(廐長, 마굿간 관리 장군)으로 삼았다.

장량이 자주 태공(太公, 강태공)의 병법을 패공에게 설명하였더니 패공은 그것을 훌륭하다고 여기고 항상 그의 계책을 채용하였는데, 장량이 다른 사람을 위하여 계책을 말하였을 적에는 모두 살펴보지 않았었다. 장량이 말하였다.

"패공은 거의 하늘이 내린 분이다."

그런고로 드디어 머물면서 떠나지를 않았다.

패공은 장량과 함께 초왕 경구를 만나보고, 군사를 청하여 풍(豊, 강소성 豐縣)을 공격하였다. 이때 진의 장한의 사마 이가 군사를 거느리고 북쪽으로 가서 초 지역을 평정하여 상(相, 안휘성 宿縣 북쪽)을 도륙하고 탕(碭, 강소성 碭山縣)에 이르렀다. 동양 녕군과 패공이 군사를 이끌어 서쪽으로 가서 소(蕭, 강소성 蕭縣)의 서쪽에서 싸웠으나 승리하지 못하여 돌아와서 군사를 거두어 유(留, 강소성 沛縣 동남)에서 모았다.

2월에 탕을 공격하여 3일 만에 이를 뽑았고 탕의 군사를 거두어서 6천 명을 만드니 옛날부터 있던 것과 합하여 9천 명이 되었다. 3월에 하읍(下邑, 강소성 碭山縣 동쪽)을 공격하여 이를 뽑고 다시 풍을 쳤으나 떨어뜨리지 못하였다.

원문

10 楚王景駒在留, 沛公往從之. 張良亦聚少年百餘人欲往從景駒, 道遇沛公, 遂屬焉; 沛公拜良爲廏將. 良數以太公兵法說沛公; 沛公善之, 常用其策; 良爲他人言, 皆不省. 良曰:"沛公殆天授!"故遂留不去.

沛公與良俱見景駒, 欲請兵以攻豐. 時章邯司馬夷(仁)將兵北定楚地, 屠相, 至碭. 東陽甯君·沛公引兵西, 與戰蕭西, 不利, 還, 收兵聚留. 二月, 攻碭, 三日, 拔之; 收碭兵得六千人, 與故合九千人. 三月, 攻下邑, 拔之; 還擊豐, 不下.

【강목|절요】*

---

*【강목】(강) 沛公得張良以爲廏將 (목) 楚王景駒在留 沛公往從之 張良亦聚少年百餘人欲從駒 道遇沛公 遂屬焉 公以良爲廏將 良數以太公兵法說沛公 公善之 常用其策 良與他人言 輒不省 良曰 沛公殆天授 遂從不去 駒使沛公與秦交戰 不利 攻碭

평설

 이 사건은 유방이 평생 그의 책사가 된 장량을 만나는 대목이다. 당시 유방의 세력은 보잘 것 없었다. 진승이 죽기는 했지만 그가 세워 놓은 초의 세력이 강하였고, 새로 경구라는 왕도 세워진 마당이었으니, 세력으로 본다면 여전히 초의 세력이 가장 강하였다.

 그래서 장량과 유방 모두 초왕 경구에게 가려고 했고, 그 도중에 두 사람이 만난 것이다. 어찌 보면 우연일 수도 있다. 그러나 장량은 유방을 만나보고서 그가 자기의 계책을 충분히 써줄 사람임을 알고 방향을 바꾸어 유방의 사람이 되기로 한다. 당장 유방의 세력은 보잘 것 없지만 그 가능성을 보고 방향을 바꾼 것이다.

 기회가 왔을 때에 사람의 그릇을 알아보고 자기의 향배를 결정할 수 있는 능력을 가진다는 것은 성공하는 지름길이다. 그러한 점에서 유방과 장량은 원원하는 사이가 되어 결합한다. 그리하여 진과 싸워서 비록 승리하지는 못했지만 오히려 군사는 9천 명까지 늘릴 수가 있었다. 유방의 기초 세력이 만들어진 것이다.

 본문에 장한의 사마인 '夷(仁)'라고 쓴 글자는 원래 시(尸) 밑

扳之 得其兵六千人 與故合九千人 擊豐不下. 【절요】景駒在留, 沛公往從之. 張良亦聚少年百餘人, 道遇沛公, 遂屬焉. 良數以太公兵法說沛公, 沛公善之, 常用其策. 良爲他人言, 皆不省. 良曰: "沛公殆天授." 故遂從不去.

에 이(二)를 쓴 글자로, 이는 이(夷) 또는 인(仁)의 고자(古字)인데 지금은 쓰이지 않는다.

이 대목에서 《절요》와 《강목》에서는 진(秦)의 장한이 이곳까지 진출하였다는 사실을 생략하고 있기 때문에 왜 유방이 경구에게로 가지 않으면 안 되었는지를 이해할 수 없게 하였다.

도강하여 세력이 커지는 항량

원문번역

11 광릉(廣陵, 강소성 揚州市) 사람 소평(召平)이 진왕을 위하여 광릉(廣陵)을 순행하였으나 떨어뜨리지 못하였다. 진왕이 패하여 도망하였다는 소식을 들었는데 장한이 또 도착하자 이에 강을 건너가 진왕의 명령을 고쳐서 항량(項梁)을 초의 상주국(上柱國, 上將)으로 제수하면서 말하였다.

"강의 동쪽〈강소성 남부의 태호 부근〉은 이미 평정되었으니, 급히 군사를 이끌고 서쪽으로 가서 진(秦)을 공격하라."

항량은 이에 8천 명을 이끌고 장강을 건너서 서쪽으로 나아갔다.

진영(陳嬰)이 이미 동양(東陽, 안휘성 天長縣)을 떨어뜨렸다는 소식을 듣고 사신을 파견하여 더불어 연대하여 함께 서쪽으로 가자고 하였다. 진영이라는 사람은 옛날 동양의 영사(令史, 실무책임자)였는데, 현에 살 때 본디 믿음성 있고 근신하여 사람들이 어른답다고 칭찬하였다. 동양의 젊은 사람들이 그 현령을 살해하고 서로 모여서 2만 명이 되자 진영을 세워서 왕으로 삼고자 하였다.

진영의 어머니가 말하였다.

"내가 너의 집의 며느리가 된 이후로 너의 선조 가운데 귀한 사람이 있었다는 말을 들은 일이 없다. 이제 별안간에 큰 이름을 얻었으나 상서롭지 못하니, 속하는 곳이 있는 것만 못하다. 일이 성사되면 오히려 후(侯)로 책봉될 수 있으며, 일이 실패하여도 쉽게 도망할 수 있는 것은 세상 사람들이 이름을 가리키지는 않는 것이다."

진영이 마침내 감히 왕이 되지 않고 그 군리(軍吏)들에게 말하였다.

"항씨(項氏)는 세세토록 장수의 집안이었고, 초에서는 이름이 나 있으니, 이제 큰일을 하고 싶다면 장차 그 사람이 아니면 되지 않을 것이다. 내가 이름난 종족에 의지하여 진(秦)을 멸망시키는 것은 분명하다."

그 무리들이 그를 좇아서 마침내 그들의 군사를 항량에게 소속시켰다.

원문

11 廣陵人召平爲陳王徇廣陵, 未下. 聞陳王敗走, 章邯且至, 渡江, 矯陳王令, 拜項梁爲楚上柱國, 曰:"江東已定, 急引兵西擊秦!" 梁迺以八千人渡江而西. 聞陳嬰已下東陽, 使欲與連和俱西. 陳嬰

항량의 북상로(기원전 208년)

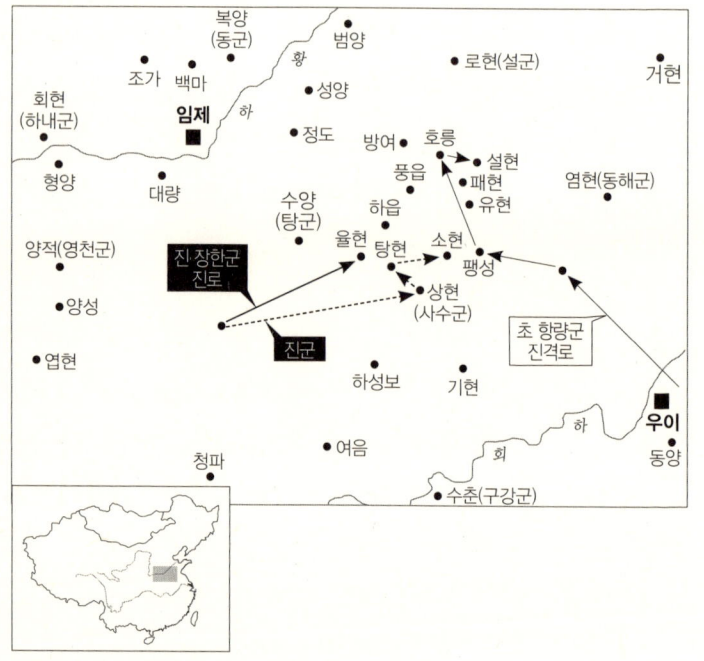

者, 故東陽令史, 居縣中, 素信謹, 稱爲長者. 東陽少年殺其令, 相聚得二萬人, 欲立嬰爲王. 嬰母謂嬰曰:"自我爲汝家婦, 未嘗聞汝先世之有貴者, 今暴得大名, 不祥; 不如有所屬. 事成, 猶得封侯; 事敗, 易以亡, 非世所指名也." 嬰乃不敢爲王, 謂其軍吏曰:"項氏世世將家, 有名於楚; 今欲舉大事, 將非其人不可. 我倚名族, 亡秦必矣!"其衆從之, 乃以兵屬梁.

【강목|절요】*

평설

항량이 초의 지도자가 되는 사건이다. 진승이 초 지역에서 군사를 일으키고 전국시대의 초나라를 부흥시켰는데, 시간이 흘러 진승이 죽고 경구가 왕이 되어 있었다.

그러나 진나라의 장한 세력은 시시각각으로 압박해 오고 있었다. 진승의 뒤를 이은 초 세력은 살아남기 위해서 유능한 사람을 그 세력으로 불러 들여야 했다.

이러한 고민을 한 사람이 둘이었다. 하나는 진승의 명령을

---

* 【강목】 (강) 項梁擊楚王駒殺之 夏六月 立楚懷王孫心爲楚懷王 韓公子成爲韓王 (목) 廣陵人召平爲楚徇廣陵 未下 聞陳王敗 乃渡江 矯王令拜項梁爲上柱國 曰 江東已定 急引兵西擊秦 梁乃以八千人渡江而西 東陽少年殺令 相聚得二萬人 以故令史陳嬰素謹信長者 欲立以爲王 嬰母曰 暴得大名不祥 不如有所屬事成 猶得封侯事 敗易以亡 非世所指名也 嬰乃謂軍吏曰 項氏世世將家 有名於楚 今欲舉大事 將非其人不可 我倚名族 亡秦必矣 衆從之 於是 嬰及英布蒲將軍 皆以兵屬梁. 【절요】項梁以八千人渡江而西. ○黥布者, 六人也, 姓英氏, 亡之江中爲羣盜, 聞項梁渡淮, 引兵屬焉.

받고 광릉지역을 순행하던 소평인데, 그가 진승의 명령이라고 둘러대면서 항량을 상주국으로 삼은 것이다.

공식적인 직함을 얻은 항량은 드디어 이 기회를 타서 8천의 군사를 끌고 오강을 건넜다. 정식으로 항씨 집안이 이 전국제패를 위한 싸움에 끼어 든 것이다.

소평과 마찬가지로 항량에게 힘을 실어 준 사람은 진영의 세력이었다. 그는 이미 동양의 젊은이들에게 들고 일어나 앞에 나서라는 재촉을 받고 있었다.

그러나 진영은 그 어머니의 말을 듣고 스스로 앞에 나서기보다는 대대로 초 지역의 장수 집안인 항량을 중심으로 모이자고 설득한다. 덕택에 항량의 세력은 생각지도 않게 커졌다.

그러므로 그가 초 지역의 대표가 되는 데는 소평과 진영의 힘이 크게 작용하였고 본인의 힘만으로 큰 세력이 되었다고 할 수 없다. 바로 항씨 집안의 한계를 엿볼 수 있는 대목이다.

그런데 《절요》에서는 단순히 항량이 도강한 사실만 쓰고 있어서 내용을 많이 생략하다보니 전체를 이해하기가 어렵게 되어 있다. 한편 《강목》에서는 줄이기는 했어도 줄거리는 살려두었다.

항량에게 의탁하는 유방

원문번역

　영포(英布)가 진(秦)의 군사를 깨뜨리고서 군사를 이끌고 동쪽으로 가는데, 항량이 서쪽으로 회하(淮河)를 건넜다는 소식을 듣고 영포와 포장군(蒲將軍)은 모두 그들의 군사를 항량에게 소속시켰다. 항량의 무리가 무릇 6~7만 명이 되었고, 하비(下邳, 강소성 邳縣)에 진을 쳤다.
　경구와 진가는 팽성(彭城, 강소성 徐州市)의 동쪽에 진을 치고 항량을 막고자 하였다. 항량이 군리들에게 말하였다.
　"진왕이 제일 먼저 일을 일으켰으나 싸움에서 승리하지 못하여 있는 곳을 알지 못한다. 이제 진가가 진왕을 배반하고 경구를 세웠으니 대역무도하다."
　마침내 군사를 진격시켜서 진가를 공격하니, 진가가 패하여 도망쳤다.
　이를 쫓아서 호릉(胡陵, 산동성 魚台縣)에 이르러서 진가와 싸웠다. 하루 만에 진가는 죽고 군사들은 항복하였으며, 경구는 도망하여 양(梁, 옛 魏나라의 도읍) 땅에서 죽었다.

항량은 이미 진가의 군대를 합병하고 호릉(胡陵, 산동성 魚台縣 동남쪽)에 진을 치면서 장차 군사를 이끌고 서쪽으로 가려고 하였다. 장한의 군대가 율(栗, 하남성 夏邑縣)에 이르자 항량이 별장인 주계석(朱雞石)과 여번군(餘樊君)으로 하여금 싸우게 하였다. 여번군은 죽고, 주계석의 군대도 패하여 도망쳐서 호릉으로 달아났다. 항량이 마침내 군사를 이끌고 설(薛, 산동성 滕縣)에 들어가서 주계석을 주살하였다.

패공이 100여 기(騎)를 데리고 가서 항량을 보았더니, 항량이 패공에게 병졸 5천 명을 주었는데, 그 가운데는 오대부(五大夫, 중급대부)인 장군 10명이 있었다. 패공이 돌아와서 군사를 이끌고 풍(豐, 강소성 豐縣)을 공격하여 이를 뽑았다. 옹치는 위(魏; 魏咎가 왕)로 달아났다.

항량이 항우로 하여금 따로 양성(襄城, 하남성 襄城縣)을 공격하게 하였으나 양성은 굳게 지켜서 떨어지지 않았는데 이미 뽑고 나서는 모두 이를 묻어 버리고 돌아와서 보고하였다.

원문

英布既破秦軍, 引兵而東; 聞項梁西渡淮 布與蒲將軍皆以其屬焉. 項梁衆凡六七萬人, 軍下邳.

景駒·秦嘉軍彭城東, 欲以距梁. 梁謂軍吏曰: "陳王先首事, 戰不利, 未聞所在. 今秦嘉倍陳王而立景駒, 大逆無道!" 乃進兵擊秦嘉, 秦嘉軍敗走. 追之, 至胡陵, 嘉還戰. 一日, 嘉死, 軍降; 景駒走死梁地.

梁已幷秦嘉軍, 軍胡陵, 將引軍而西. 章邯軍至栗, 項梁使別將朱雞石·餘樊君與戰. 餘樊君死; 朱雞石軍敗, 亡走胡陵. 梁乃引兵入薛, 誅朱雞石.

沛公從騎百餘往見梁; 梁與沛公卒五千人, 五大夫將十人. 沛公還, 引兵攻豐, 拔之. 雍齒奔魏.

項梁使項羽別攻襄城, 襄城堅守不下; 已拔, 皆坑之, 還報.

【강목|절요】*

평설

초의 소평에 의하여 대장군이 된 항량은 그 세력을 넓힌 다음에 진승의 뒤를 이어서 초왕이 된 경구 세력을 공격하였다. 진승이 아직 죽었다고 확실하지 않은 상태에서 진가가 경구를 세운 것은 대역(大逆)이라는 명분이었다. 따지고 보면 이것이 정치이다. 진승이 이루어 놓은 결과를 누가 차지할 것이냐를 두고 초 지역의 적자(嫡子) 경쟁을 하고 있는 셈이었다.

이러한 명분을 내세울 때에 비로소 항량은 진승이 이룩해 놓

---

*【강목】(목) 衆遂六七萬, 梁曰 陳王首事, 戰不利, 未聞所在, 今秦嘉立景駒, 大逆無道, 乃進擊殺嘉, 駒走, 死至薛. 沛公往見之, 梁予兵, 還拔豐, 使項羽攻襄城, 不下. 已拔, 皆阬之. 【절요】項梁衆至六七萬人, 軍下邳. 進擊秦嘉·景駒殺之. 沛公往見梁; 梁予沛公卒五千人. 項梁使項羽別攻襄城, 襄城堅守不下; 已拔, 皆坑之.

은 결과를 다 받아들일 수 있다. 결과적으로 항량의 군사력은 컸고, 경구와 진가를 제거 할 만하였다. 그러나 진승의 세력을 계승한다고 하여도 남아 있는 진승의 세력은 미미한 것이었다. 다만 그들이 남긴 군사를 합병할 수 있을 뿐이었다.

  그러나 이것은 초 지역의 패권 다툼에서 승리한 것이지 정작 서부지역의 진(秦)과의 다툼에 승리한 것은 아니었다. 진(秦)과 대결하기 위해서는 더 많은 우군을 확보해야 했다. 이러한 상황에서 항량은 유방에게 군사 5천 명을 주어서 우군(友軍)이 되게 하였다. 그 군대를 가지고 유방은 옹치에게 잃었던 풍을 다시 차지한다. 다른 한편 항량의 조카 항우는 양성으로 그 세력을 넓히고 있다.

  《절요》와 《강목》에서는 대체적으로 간략하게 항량이 경구를 죽인 사실을 기록하고 있다. 물론 독자의 입장에서 본다면 이것만으로 전후관계를 이해하기는 쉽지 않을 것이다.

범증의 건의로 회왕을 세우는 항량

원문번역

항량은 진왕이 확실히 죽었다는 소식을 듣고, 여러 별장들을 불러서 설(薛, 산동성 滕縣)에서 모여 일을 계획하게 하였는데, 패공도 또한 갔다. 거소(居鄛, 안휘성 桐城縣 남쪽) 사람 범증(范增)은 나이가 70세였는데, 평소 집에 있을 때 기이한 계책을 세우기를 좋아하여, 가서 항량에게 말하였다.

"진승의 실패는 진실로 당연합니다. 무릇 진(秦)이 여섯 나라[초·연·제·한·위·조]를 멸망시켰는데, 그 가운데 초가 가장 죄가 없습니다. 회왕(懷王 ; 羋槐)은 진으로 들어가서 돌아오지 못하면서부터 초인(楚人)들이 이를 가엾게 생각하면서 지금에 이르고 있습니다. 그러므로 초의 남공(南公)이 말하였습니다. '초에 비록 세 집만 있더라도 진을 멸망시키는 것은 반드시 초이다.'
이제 진승이 처음으로 일을 일으켰지만 초의 후예를 세우지 않고 자립하였으니, 그 세력이 오래가지 못하였습니다. 이제 그대가 강동에서 일어나니, 초에서 벌떼처럼 일어난 장군들이 모두 다투어 그대에게 귀부하고 있는 것은 그대가 세세로 초의 장수였기 때문이니 초의 후예를 다시 세울 수 있습니다."

이에 항량이 그 말을 그럴 것이라고 생각하고 마침내 초의 회왕의 손자인 미심(羋心)이 백성들 틈에서 다른 사람을 위하여 양치기를 하는 것을 찾아낼 수 있었고, 여름, 6월에 세워서 초의 회왕(懷王)으로 삼으니, 백성들의 희망을 좇은 것이었다. 진영(陳嬰)은 상주국(上柱國)이 되었고, 5개의 현에 책봉되었고, 회왕과 더불어 우이(盱眙, 안휘성 盱眙縣)에 도읍하였다. 항량이 스스로 무신군(武信君)이라고 불렀다.

원문

梁聞陳王定死, 召諸別將會薛計事, 沛公亦往焉. 居鄹人范增, 年七十, 素居家, 好奇計, 往說項梁曰:"陳勝敗, 固當. 夫秦滅六國, 楚最無罪. 自懷王入秦不反, 楚人憐之至今. 故楚南公曰:'楚雖三戶, 亡秦必楚.' 今陳勝首事, 不立楚後而自立, 其勢不長. 今君起江東, 楚蠭起之將皆爭附君者, 以君世世楚將, 爲能復立楚之後也." 於是項梁然其言, 乃求得楚懷王孫心於民間, 爲人牧羊;夏, 六月, 立以爲楚懷王, 從民望也. 陳嬰爲上柱國, 封五縣, 與懷王都盱眙. 項梁自號爲武信君.

【강목|절요】*

평설

이 부분은 항량이 진승이 죽었다는 사실을 확인하고 나서 그 대책을 논의하는 내용이다. 명분상 진(秦)에 일차적으로 반기를 들었던 진승의 행동을 옳은 것으로 여기는 세력들은 진승이 왕을 호칭한 것에 대하여서는 거부하지 않았다. 그러나 진승은 죽었고, 진승의 뒤를 이은 경구를 대역이라는 명목을 붙여 죽인 항량으로서는 또 어떤 명분을 찾아야 할지가 문제였다.

이때에 항량에게 나타난 사람이 범증이었다. 범증은 그 후에 계속적으로 항량과 항우의 책사가 된다. 명분적으로 곤경에 빠진 항량을 구해준 범증의 논리는 전국시대 초나라 후예 가운데 한 사람을 뽑아서 초왕을 세우라는 것이었다. 대중을 호도하려는 방책이었다. 항량은 이 계책을 받아들여서 전국시대에 진에 가서 억울하게 죽은 초 회왕의 손자이며 당시에 양치기를 하던 미심(芈心)을 찾아내서 왕으로 세운다.

항량에 의하여 세워진 미심이 초왕으로서의 왕권을 행사할

---

* 【강목】(목) 居鄛人范增 年七十 好奇計 往說梁曰 陳勝敗 固當 夫秦滅六國 楚最無罪 自懷王入秦不反 楚人憐之 至今 故楚南公曰 楚雖三戶 亡秦必楚 今勝首事 不立楚後而自立 其勢不長 今君起江東 楚蠭起之將皆爭附君者 以君世世楚將 爲能復立楚之後也 梁然其言 乃求得懷王孫心於民間 爲人牧羊 六月立以爲楚懷王 從民望也 都盱眙 以陳嬰爲上柱國 梁自號武信君. 【절요】 梁聞陳王定死, 召諸別將會薛計事, 沛公亦往焉. 居鄛人范增, 年七十, 素居家, 好奇計, 往說項梁曰:「陳勝首事, 不立楚後而自立, 其勢不長. 今君起江東, 楚蜂起之將皆爭附君者, 以君世世楚將, 能復立楚之後也.」 於是項梁然其言, 乃求得楚懷王孫心, 立以爲楚懷王, 從民望也. 項梁自號武信君.

수 있는 것은 아니었다. 다만 명목상 초의 부흥을 알리기 위하여 세워진 로봇이었다. 이것으로 항량은 초왕 경구를 죽여 왕이 없는 초 지역을 왕이 있는 지역으로 만들었고, 정치적 어려움에서 벗어날 수 있었다. 향후에 항량이 어떻게 초왕 미심을 내치고 스스로 초왕의 자리를 차지할 수 있을 지의 과제는 아직 남게 되었다.

그런데 항량은 스스로 무신군이라고 호칭하였다. 초왕을 세웠으면 초왕의 이름으로 호칭을 받으면 될 것으로 왜 자칭(自稱)했을까? 아마도 자칭이 정치적으로 얼마나 많은 부담을 주는 것인지를 이해하지 못한 것이 아니었을까? 항량의 정치적 안목의 한계를 드러낸 것이다.

《절요》와 《강목》에서는 이 부분이 대단히 중요한 것으로 파악했는지 《자치통감》의 내용을 거의 그대로 싣고 있다. 명분론에 집착한 주희와 강지는 후에 초 회왕을 죽인 항우가 제후들의 공격을 받게 되는 것이 당연한 것으로 이해시키려는 의도로 보인다.

다시 세워지는 제후왕

원문번역

장량이 항량에게 유세하였다.

"그대가 벌써 초의 후손을 세웠으나 한(韓)의 여러 공자(公子)가 운데 횡양군(橫陽君) 한성(韓成)이 가장 똑똑하여, 세워서 왕으로 삼을 수 있고, 우리의 무리를 더 많이 세우는 것입니다."

항량이 장량으로 하여금 한성을 찾게 하여 한왕으로 삼았다. 장량을 사도(司徒)로 삼아, 한왕과 더불어 천여 명을 거느리고 서쪽으로 가서 옛날의 한의 땅을 경략하였는데, 몇 개의 성을 얻었으나 진이 갑자기 이를 다시 빼앗으니, 왔다 갔다 하다가 영천(潁川, 하남성 禹縣)에서 유격병이 되었다.

원문

張良說項梁曰:"君已立楚後, 而韓諸公子橫陽君成最賢, 可立爲王, 益樹黨." 項梁使良求韓成, 立以爲韓王. 以良爲司徒, 與韓王將千餘人西略韓地, 得數城, 秦輒復取之;往來爲游兵潁川.

【강목|절요】*

평설

 항량이 진에 가서 죽은 초 회왕의 손자를 세운 것은 전국시대로의 복귀를 의미한다. 그렇다면 나머지 다섯 나라 즉, 한·위·조·제·연도 부흥시켜야 하는 것이 논리에 맞는다. 물론 이 때에 이미 조(趙)와 제(齊)·위(魏)는 부흥되어 있는 상태였지만 장량은 항량에게 우호세력을 두는 것이 항량에게 유리하다며 아직 부흥되지 않은 한나라에 대해 한(韓)의 공자(公子) 한성(韓成)을 왕으로 세우라고 권고한다.

 이 논리는 한편으로는 항량이 초나라를 부흥시키는 것을 목표로 삼고 있다는 대외적인 표현이어서 당시의 많은 군사세력들이 항량에 대하여 의구심을 갖지 않게 하는 장점이 있다.

 또한 아직은 전국시대에 한이 있었던 영역이 진(秦)의 휘하에 있었기 때문에 항량으로서는 한왕이라는 명칭 하나를 주면서 그들로 하여금 한 지역에 있는 진의 영역을 공격하게 하는 효과를 볼 수 있었다. 그러한 점에서 항량은 이 건의를 받아들인다.

 다른 한편으로 장량은 자기의 고국 한(韓)나라를 부흥시키려

---

*【강목】(목) 張良說梁曰 君已立楚後 韓諸公子橫陽君成最賢 可立爲王 益樹黨 梁從之 立爲韓王 以良爲司徒西畧韓地 徃來爲游兵潁川.【절요】張良說項梁曰:「君已立楚後, 而韓諸公子橫陽君成最賢, 可立爲王, 益樹黨.」梁使良求韓成, 立以爲韓王.

는 목적을 가지고 있었다. 건의한 사람과 수용한 사람의 이익이 맞아 떨어져서 전국시대 한(韓)의 후예인 한성을 찾아내서 한왕으로 삼고, 이를 건의한 장량은 한의 사도가 된다. 장량은 전국시대에 한(韓)나라의 상국(相國)을 대대로 지낸 집안사람이었으므로 자기 고국을 회복시키기를 원한 것이다. 그렇다고 전국시대의 한(韓)나라가 있었던 지역이 그들의 손에 있는 것은 아니었다. 결국 이들은 유격병이 되어서 옛 고토를 회복하는 전쟁을 해야 했다.

이 부분에서 《절요》에서는 한성을 한왕으로 세웠다는 데서 끝내서 마치 한왕을 세우면 바로 옛날 한(韓)나라가 있던 지역에서 지배권을 행사할 수 있었던 것으로 오해할 수 있다. 과도한 생략으로 독자에게 오해를 주었다고 할 수 있다. 《강목》에서는 대체적으로 《자치통감》의 내용을 그대로 싣고 있다.

진(秦) 장한의 활약과 제후들의 대응

원문번역

12 장한(章邯)이 이미 진왕을 격파하고서 마침내 전진하여 위왕을 임제(臨濟, 하남성 陳留縣 서북쪽)에서 쳤다. 위왕이 주시(周市)를 사신으로 내보내 제와 초에 구원해줄 것을 청하고, 제왕 전담(田儋)과 초의 장수 항타(項它)가 모두 군사를 거느리고 주시를 좇아와서 위를 구원하였다.

장한이 밤중에 군사들에게 함매(銜枚, 소리 안 나게 하는 조치)하여 쳐서 제·초의 군사를 임제 아래에서 대파하고 제왕과 주시를 죽였다. 위왕 위구(魏咎)는 그 백성들을 위하여 항복하기로 약속하였는데, 이 약속이 확정되자 스스로 불에 타 죽었다. 그의 동생인 위표(魏豹)는 초로 도망하였더니, 초의 회왕은 위표에게 수천 명을 주어 다시 위 지역을 경략하게 하였다.

제의 전영(田榮)이 그의 형 전담의 남은 군사를 거두어서 동쪽으로 가서 동아(東阿, 산동성 陽谷縣)로 도망쳤지만, 장한이 쫓아가서 이를 포위하였다. 제인(齊人) 들은 전담(田儋 ; 제의 왕)이 죽었다는 소식을 듣고 마침내 옛날 제왕이던 전건(田建, 전국시기의 제왕)의 동생 전가(田假)를 세워 왕으로 삼고, 전각(田角)은 재상이 되었으며, 전각의 동생 전간(田間)이 장수가 되어 제후를 막게 했다.

원문

12　章邯已破陳王, 乃進兵擊魏王於臨濟. 魏王使周市出, 請救於齊‧楚; 齊王儋及楚將項它皆將兵隨市救魏. 章邯夜銜枚擊, 大破齊‧楚軍於臨濟下, 殺齊王及周市. 魏王咎爲其民約降; 約定, 自燒殺. 其弟豹亡走楚, 楚懷王予魏豹數千人, 復徇魏地. 齊田榮收其兄儋餘兵, 東走東阿; 章邯追圍之. 齊人聞田儋死, 乃立故齊王建之弟假爲王, 田角爲相, 角弟間爲將, 以距諸侯.

【강목|절요】*

평설

진에 반대하여 새로이 짜진 세력과 진(秦)의 대결은 어쩔 수

---

*【강목】(강) 章邯擊魏 齊楚救之 齊王儋魏相市敗死 魏王咎自殺 (목) 章邯擊魏王於臨濟 魏使周市求救於齊楚 齊王及楚將項它 皆將兵隨市救魏 章邯夜銜枚擊大破之 殺齊王及周市 魏王爲其民約降 約定 自燒殺 其弟豹亡走楚 楚予兵復徇魏地 (강) 齊人立田假爲王 (목) 假王建弟也 齊人立以爲王 而以田角田間爲將相【절요】○章邯擊魏, 齊王儋及楚將項它皆將兵救魏. 章邯大破齊‧楚軍, 殺齊王儋, 魏王咎自燒死, 其弟豹亡之楚, 楚懷王予兵數千人, 復徇魏地, 立爲魏王. 田榮收兄儋餘兵, 東走東阿; 章邯追圍之.

위(魏)의 멸망(기원전 208년)

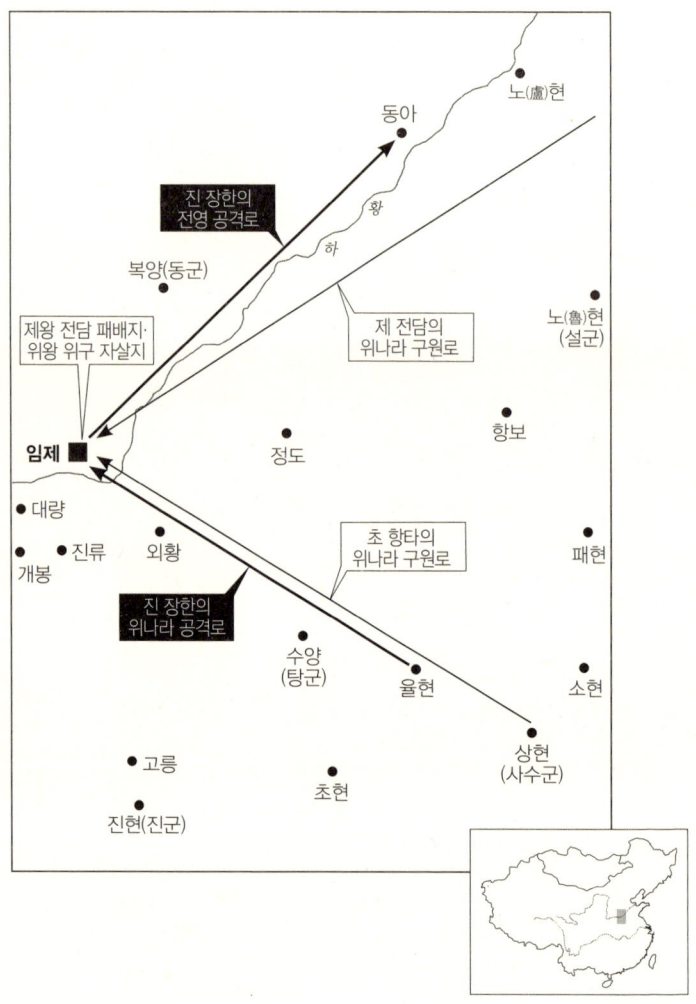

없는 것이었다. 구체적으로는 중원지역을 두고 진(秦)과 진에 반대하여 군사를 일으킨 세력이 일전을 치러야 하는 시점이었다. 이때에 진의 장군 장한은 진승 세력을 공격하여 진승이 이미 죽었고, 이어서 중원지역에 새로 등장한 위(魏)를 공격하였다.

위는 중원지역에 있기 때문에 어쩔 수 없이 진과의 대결에서 일선에 있는 나라였다. 그러나 이들은 새로이 급조되었으므로 진의 군사를 막아 낼 힘이 부족하였다. 진의 군사는 진승이 군사를 일으켰을 때와는 달리 장한(章邯)이라는 제대로 된 지휘관이 지휘하는 강군이 되어 있었다.

하는 수 없이 위왕은 우군이라고 할 제와 초에 원조를 요청하였고 초와 제에서 원군을 파견하였다. 하지만 이들 역시 장한의 군대에게 대패하여 제의 왕이 죽고, 위왕인 위구는 진에 항복하기로 하고서는 자살하였다.

위를 중심으로 진과 대결하던 전선은 일시에 무너졌다. 그래도 초로 도망한 위왕의 동생은 초로부터 군사를 받아 위 지역을 경략하였고, 제나라 왕과 함께 진과 싸우던 전영도 비록 왕은 죽었지만 남은 병력으로 재건을 모색하였다.

그런데 제나라에서는 왕이 죽었다는 이유로 새로이 왕을 세웠다. 결과적으로 진과 싸우던 세력은 제나라에서의 입지가 아주 약해진 것이다. 제의 분열이라고 해야 할 정도이다.

이제 진승이 군사를 일으켰던 초기의 양상과는 크게 달라졌다. 정말로 군사력과 정치력을 가지고 새로운 질서를 잡아 갈 수 있는 인물만이 살아남게 되는 시대가 되어가고 있었다. 이제 과거로부터 물려받은 유산, 즉 가문, 혈통 같은 것은 새로운 질서를 만들어 가는데 큰 도움이 되지 않는 상황이 되었다.

이러한 새로운 분위기가 형성되지 않았다면 후에 평민 출신의 유방과 겨우 장군 집안 출신인 항우가 시대를 이끌어 갈 수 없었을 것이다. 진나라 장한의 역공은 새로운 시대 양상을 만들고 있었다. 《절요》와 《강목》은 이와 같은 내용을 대체적으로 다 싣고 있다.

장한과 대결하는 항량·항우·유방

원문번역

가을, 7월에 큰 장맛비가 내렸다. 무신군(武信君 ; 項梁)이 군사를 이끌고서 항보(亢父, 산동성 濟寧縣)를 공격하다가 전영(田榮)이 급하게 되었다는 소식을 듣고 마침내 군사를 이끌어 장한의 군사를 동아(東阿, 산동성 陽谷縣) 아래에서 격파하니, 장한이 서쪽으로 가서 도망쳤다. 그러자 전영이 군사를 이끌고 동쪽으로 가서 제로 돌아왔다.

무신군이 홀로 쫓아서 북쪽으로 가고, 항우와 패공으로 하여금 따로 성양(城陽, 산동성 濮縣)을 공격하게 하여 이를 도륙하였다. 초의 군사가 복양(濮陽, 하남성 濮陽縣)의 동쪽에 진을 치고, 다시 장한과 싸워서 또 이를 격파하였다. 장한이 다시 군사를 떨쳐서 복양을 지키면서 주변을 물로 둘렀다. 패공과 항우가 그곳을 떠나서 정도(定陶, 산동성 定陶縣)를 공격하였다.

원문

秋, 七月, 大霖雨. 武信君引兵攻亢父, 聞田榮之急, 迺引兵擊破章邯軍東阿下 ; 章邯走而西. 田榮引兵東歸齊. 武信君獨追北, 使項羽·沛公別攻城陽, 屠之. 楚軍軍濮陽東, 復與章邯戰, 又破之. 章邯復振, 守濮陽, 環水. 沛公·項羽去, 攻定陶.

【강목|절요】*

평설

이 부분은 중원지역에 있던 위(魏)의 실패로 초 지역의 항량 세력이 전면에 등장한 내용이다. 항량은 진승보다 늦게 군사를 일으켰으나 진승이 중원지역을 확보하고 있었기 때문에 진의 장한과는 조우할 필요가 없었다. 그러나 중원의 위(魏)가 장한에게 패하게 되자 직접적으로 장한과 부딪쳐야 했다.

이때 항량은 장한의 군대를 패퇴시켰다. 신분적으로 장군집안 출신이 반진(反秦) 전선의 선봉이 된 것이며, 이후 제후들의 중심이 될 수 있는 길을 걷게 된 계기를 마련하였다. 그리고 항량의 밑에 있던 항우와 유방이 본격적으로 활약하기 시작하는 시점이기도 하다.

물론 장한과 이들의 싸움은 일진일퇴하였지만 무명의 항우와

---

*【강목】(강) 秋, 七月, 大霖雨.【절요】武信君引兵擊破章邯軍於東阿下 ; 追至濮陽又破之.

유방이 반진세력의 지휘자로서의 입지를 세워나가게 되었다. 천하를 통일했던 진나라의 장수와 대결했다는 것 자체 만으로 항우와 유방은 이미 그 명성을 높일 수 있었을 것이다.

그런데 《절요》에서는 무신군 항량의 활동만을 기록하고 항우와 유방의 활동을 생략하여 이 이후 항우와 유방이 어떤 과정을 통하여 성장했는지를 보기 어렵다. 또 《강목》에서는 장마가 들었다는 것만을 기록하고, 나머지를 생략하였는데, 그 의도를 파악하기 어렵다.

제(齊) 지역의 변화

원문번역

8월에 전영이 제왕 전가(田假)를 치면서 쫓아내니 전가가 도망쳐서 초로 달아났다. 전간(田間)이 앞으로 나아가 조를 구원하니, 그로 인하여 감히 돌아오지를 못하였다. 전영이 이에 전담의 아들 전시(田市)를 세워서 제왕으로 삼고 전영은 재상이 되었다. 전횡(田橫)이 장수가 되어 제 지역을 평정하였다.

장한의 군사가 더욱 왕성해지니 항량이 자주 사신을 보내어 제와 조에 알리어 군사를 내서 함께 장한을 치게 했다. 전영이 말하였다.

"초가 전가를 죽이고, 조가 전각(田角)과 전간을 죽이고 나면 마침내 군사를 내겠다."

초와 조는 그 말을 듣지 않았다. 전영이 노하여 끝내 출병하지 않았다.

원문

八月, 田榮擊逐齊王假, 假亡走楚. 田間前救趙, 因留不敢歸. 田榮乃立儋子市爲齊王, 榮相之. 田橫爲將, 平齊地. 章邯兵益盛, 項梁數使使告齊·趙發兵共擊章邯. 田榮曰: "楚殺田假, 趙殺角·間, 乃出兵." 楚·趙不許. 田榮怒, 終不肯出兵.

【강목|절요】*

평설

전국시대에 천하를 이끌어 가던 것은 서쪽의 진과 남쪽의 초, 그리고 동쪽의 제라고 할 수 있다. 이 세 나라가 삼각형을 이루고 있을 만큼 강력한 나라였던 점을 고려한다면 진말에 새로이 제(齊)나라로 부활한 동부지역의 역할은 중요하다고 할 것이다.

그런데 장한의 공격을 받은 제 지역은 제대로 힘을 발휘하지 못하였다. 제나라 왕실이 장한과 대결하는 과정에서 전(田)씨들 사이에서의 내분이 일어났던 것이다. 진과 대결하던 전영은 제왕이 죽은 것을 계기로 후방에서 새로이 왕을 세웠던 점에 대하여 원한을 가졌다. 결국 전영이 권력을 장악하자 새로 제왕이 되었던 전가는 초로 도망하였다.

이러한 상황에서 장한과 대결하던 항량이 제에게 군사를 내

---

* 【강목】(강) ○齊王儋弟榮逐王假立儋子市爲王 而相之.【절요】내용없음

제(齊) 지역의 변화 79

라고 요청하였지만 전영은 초로 도망한 정적을 죽여주면 돕겠다며 협조를 거절한다. 조나라 역시 마찬가지였다. 결국 제는 반진전선에 동참하지 않는다. 물론 제는 지리적으로 진과 접하지 않았다는 점과 과거 전국시대에 진·초와 함께 삼각 구도를 이루었다는 점에서 호락호락하게 초의 요구를 들어 줄 수 없었을 것이다.

그런데 《절요》에서는 이 내용을 모두 생략하였고, 《강목》에서는 전영이 제나라에서 권력을 장악한 내용만 기록하고 있다. 따라서 당시 초·진·조라는 국제 관계 속에서 제의 입장을 파악하기 어렵다.

황제를 조회에 나오지 못하게 한 조고

원문번역

13 낭중령(郎中令, 궁전 관리) 조고(趙高)가 2세 황제의 은총을 믿고 오로지 방자하여 사사로운 원한으로 사람을 죽인 일이 많으니, 대신들이 조회에 나와 일을 상주하면서 이를 말할까 두려워하고 마침내 2세 황제에게 유세하였다.

"천자가 귀한 까닭은 단지 소리만을 듣게 하고, 많은 신하들이 아무도 그의 얼굴을 볼 수 없게 한 연고입니다. 또 폐하께서 나이가 어려서 여러 가지 일에 아직 다 통달하지 못하였으므로 이제 조정에 앉아서 책망하고 천거하는 가운데 적당하지 않은 일이 있다면 대신들에게 단점을 보이는 것이니, 천하에 신처럼 밝으심을 보이는 방법이 아닙니다.

폐하께서는 금중에서 깊이 팔짱끼고 있으면서 저와 시중(侍中, 궁중에서 황제를 모시는 사람) 같이 법을 잘 익힌 사람과 더불어 일을 기다리고 있다가 일이 오면 이를 꾀하는 것만 못합니다. 이와 같이 한다면 대신들은 감히 의심스러운 일을 상주하지 못할 것이고 천하에서는 성스러운 군주라고 칭찬할 것입니다."
2세 황제는 그 계책을 채용하여 마침내 조정에 앉아서 대신들을 보지 않고 항상 금중에서만 살고 조고가 금중에서 모시면서 모든 사건을 제멋대로 처리하니, 일은 모두 조고에게서 결정되었다.

원문

13 　郎中令趙高恃恩專恣, 以私怨誅殺人衆多, 恐大臣入朝奏事言之, 乃說二世曰: "天子之所以貴者, 但以聞聲, 羣臣莫得見其面故也. 且陛下富於春秋, 未必盡通諸事; 今坐朝廷, 譴舉有不當者, 則見短於大臣, 非所以示神明於天下也. 陛下不如深拱禁中, 與臣及侍中習法者待事, 事來有以揆之. 如此, 則大臣不敢奏疑事, 天下稱聖主矣." 二世用其計, 乃不坐朝廷見大臣, 常居禁中; 趙高侍中用事, 事皆決於趙高.

【강목|절요】*

---

*【강목】(강) ○秦下右丞相馮去疾左丞相李斯 吏去疾自殺 要斬斯 夷三族 以趙高爲中丞相 (목) 郎中令趙高恃恩專恣 多以私怨殺人 恐大臣言之 乃說二世曰 天子所以貴者 但以聞聲 羣臣莫得見其面也 今坐朝廷 譴舉有不當 則見短於大臣 非所以示神明於天下也 不如深拱禁中 與臣及侍中習法者待事 事來有以揆之 則大臣不敢奏疑事 天下稱聖主矣 二世乃不坐朝廷 事皆決於高. 【절요】○郎中令趙高恃恩專恣, 以私怨誅殺人衆多, 恐大臣入朝奏事言之, 乃說二世曰:「天子所以貴者, 但以聞聲, 羣臣莫得見其面也. 陛下不如深拱禁中, 與臣及侍中習法者待事, 事來有以揆之. 如此, 則大臣不敢奏疑事, 天下稱聖主矣.」二世用其計, 乃不坐朝廷見大臣, 常居禁中; 事皆決於趙高.

평설

 이 부분은 진에 반대한 군사가 일어나 전투를 하고 있는 전장의 상황과는 달리 진(秦) 내부의 상황을 기록한 것이다. 진이 몰락하게 되는 이유 가운데 하나는 조고의 전횡이었다. 조고는 황제의 스승이기도 했는데 자신의 위치를 믿고 여러가지 불법적이고 방자한 일들을 저질렀다. 그리고 그것을 은폐하기 위해 2세 황제가 대신들을 만나지 못하게 하여 황제의 눈과 귀를 가리는 조치를 취한다.

 조고는 황제가 대신들을 만나게 되면 황제의 단점이 드러나기 때문에 황제가 신성화되지 않는다는 것을 이유로 들었다. 이렇게 말하는 조고의 뜻을 간파하지 못한 2세 황제는 이 말에 동의하고 금중에서 나오지 않은 채 모든 일은 조고가 처리하도록 하였다. 이러한 조치가 바로 진이 몰락해 가게 만들었다. 조고가 자기 죄를 은폐하기 위하여 국가의 정상적인 운영을 방해했고, 이 뜻을 알아차리지 못한 2세 황제의 어리석음이 몰락의 원인이다.

 그런데 《절요》와 《강목》에서는 이 내용을 거의 다 실었다. 다만 《강목》에서는 승상인 이사 등이 죽고 대신 조고가 승상이 된 일을 [강]으로 하여 그 안에 일어난 일들을 [목]으로 묶었다. 그러나 그 순서는 《자치통감》에서 서술한 순서와 맞지 않게 혹은 앞으로 혹은 뒤에 배열하였다.

 원래 《강목》은 전체를 쉽게 파악하기 위하여 [강]을 세우고 그 구체적인 사건을 [목]에 배열하는 형태를 취하였는데, 이 경우에는 [강]인 '秦下右丞相馮去疾左丞相李斯 吏去疾自殺 要斬斯 夷三族 以趙高爲中丞相' 밑에 [목]이 지나치게 길어서 [강]이 전체를 요약하여 파악하게 하고자 하는 점에서는 충분하지 않다.

 이 부분에 실린 [목]은 [강]인 '秦下右丞相馮去疾左丞相李斯 吏去疾自殺 要斬斯 夷三族 以趙高爲中丞相' 밑에 있는 [목]을 8개 단락으로 나눈다면 두 번째 단락이다.

조고의 덫에 걸려 든 이사

원문번역

조고는 이사(李斯, 승상)가 말했다는 소식 듣고 마침내 승상을 보고 말하였다.

"관[함곡관]의 동쪽에는 도적떼들이 많은데도 이제 황상께서는 급히 요역을 더욱 발동하여 아방궁을 지으면서 개나 말 같은 쓸데없는 물건을 모으고 있습니다. 신이 간(諫)하고 싶으나 지위가 낮으니, 이는 정말로 그대 군후(君侯, 이사)의 일인데, 그대는 어찌하여 간하지 않습니까?"

이사가 말하였다.

"진실로 그러하여 나는 이를 말하려고 한 지 오래되었소. 지금은 황상께서 조정에 나와 앉지 않고 항상 깊은 궁궐 안에 계시고 있소. 내가 말하고자 하는 바를 전할 수가 없어서 좀 뵈려고 하여도 틈이 없군요."

조고가 말하였다.

"그대가 진실로 간언할 수만 있다면 청컨대 내가 군후를 위하여 황상의 한가한 틈을 만들어 그대에게 말하게 해주시오."
이에 조고는 2세 황제를 모시고 바야흐로 연회를 즐기며 여자들이 그 앞에 많이 있는데, 사람을 시켜서 승상에게 알렸다.
"황상께서 바야흐로 한가하시니 일을 주상할 수 있습니다."
승상이 궁궐의 문에 이르러서 황상을 알(謁, 명함)을 올렸다. 이와 같은 일이 세 번 있었다.

원문

高聞李斯以爲言, 乃見丞相曰:"關東羣盜多, 今上急益發繇, 治阿房宮, 聚狗馬無用之物. 臣欲諫, 爲位賤, 此眞君侯之事; 君可不諫?" 李斯曰:"固也, 吾欲言之久矣. 今時上不坐朝廷, 常居深宮. 吾所言者, 不何傳也; 欲見, 無閒." 趙高曰:"君誠能諫, 請爲君候上閑, 語君." 於是趙高侍二世方燕樂, 婦女居前, 使人告丞相;"上方閑, 可奏事." 丞相至宮門上謁. 此者三.

【강목|절요】*

평설

이 대목은 조고가 승상인 이사를 제거하려는 음모의 첫 단계

---

*【강목】 李斯以爲言 高乃見斯曰 關東羣盜多 而上益發繇 治阿房宮 臣欲諫爲位賤 此眞君侯之事 君何不諫 期曰 上居深宮欲見無閒 高曰 請候上閒 語君 於是待二世方燕樂 婦女居前 使人告斯 可奏事矣 斯至上謁 如此者三 【절요】 高聞李斯以爲言

를 서술한 것이다. 조고는 최고의 관직인 승상의 자리에 있는 이사가 자기가 전횡하는 것에 대해 황제에게 말할 것이라고 생각하고, 이사를 제거하려고 덫을 놓았다.

그 첫 단계는 이사가 황제에게 미움을 사게 하는 방법이었다. 조고는 승상 이사에게 황제의 무절제에 관하여 간언해야 한다고 말했고, 조고의 속내를 모르는 이사는 간언해야 하겠다고 생각한다.

그러나 이사에게 황제를 만나서 간언할 기회가 주어진다면 그 기회에 자신의 비행을 이야기 할 수도 있으므로 실제로는 이사와 황제가 만나지 못하도록 해야 했다. 그래서 조고는 겉으로는 이사편에 서는 것처럼 하면서 실제로는 황제가 이사에 대하여 짜증을 내게 하도록 조치하고 있다. 조고의 악랄한 계획이었다.

이 내용은 조고와 이사의 관계를 이해하고 조고의 음모를 파악하는데 중요한 일이지만 《절요》에서는 거의 다루지 않고, 《강목》에서는 앞의 〔강〕인 '秦下右丞相馮去疾左丞相李斯 吏去疾自殺 要斬斯 夷三族 以趙高爲中丞相' 밑에 있는 〔목〕에서 싣고 있는데, 이 부분은 8개 단락 가운데 세 번째 단락에 해당된다.

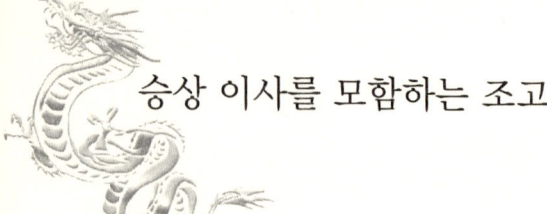
승상 이사를 모함하는 조고

원문번역

2세 황제가 노하여 말하였다.

"내가 항상 한가한 날이 많은데, 승상이 오지 않더니, 내가 바야흐로 연회하며 사사롭게 즐기면 승상이 번번이 와서 일을 하겠다고 청하다니! 승상은 어찌하여 나를 어린애 취급하고, 또 나에게 고집스러운가?"

조고는 이를 이용하여 말하였다.

"무릇 사구에서의 모의에 승상이 참여했습니다. 이제 폐하께서 이미 세워져서 황제가 되었지만, 승상의 귀함은 더 올라가지 못하였으니, 이는 그가 속으로 또한 땅을 나누어 가지고 왕이 되기를 바라는 것입니다. 또한 폐하께서 신하에게 묻지를 않으면 신하는 감히 말을 하지 못하는 것입니다.

승상의 장남 이유(李由)는 삼천(三川, 하남성 洛陽市) 군수가 되었고, 초의 도적 진승 등은 모두 승상의 이웃하는 현(縣)의 자식들이니 그런고로 초의 도적들이 공공연히 나다니고 삼천성(三

川城)을 지나가도 군수는 이를 치려고 하지 않습니다. 저 조고가 듣건대, 그 문서가 서로 왕래하였다고 하는데, 아직 그 증거를 잡지 못하였으니, 그러므로 아직 감히 보고를 못합니다. 또한 승상은 밖에 살기 때문에 권력이 폐하보다 무겁습니다." 2세 황제가 그렇겠다고 생각하고 승상을 조사하고자 하였으나 그것이 조사되지 못할까 두려워서 마침내 먼저 사람을 시켜서 삼천의 군수와 도적이 왕래하였던 상황을 조사하게 하였다.

원문

二世怒曰:"吾常多閒日, 丞相不來;吾方燕私, 丞相輒來請事!丞相豈少我哉, 且固我哉?"趙高因曰:"夫沙丘之謀, 丞相與焉. 今陛下已立爲帝, 而丞相貴不益, 此其意亦望裂地而王矣. 且陛下不問臣, 臣不敢言. 丞相長男李由爲三川守, 楚盜陳勝等皆丞相傍縣之子, 以故楚盜公行, 過三川城, 守不肯擊. 高聞其文書相往來, 未得其審, 故未敢以聞. 且丞相居外, 權重於陛下." 二世以爲然, 欲案丞相;恐其不審, 乃先使人按驗三川守與盜通狀.

【강목|절요】*

---

* 【강목】 二世怒 高因曰 沙丘之謀 丞相與焉 今陛下爲帝 而丞相貴不益 其意亦望裂地而王矣 且其長男由守三川 楚盜皆其傍縣子 以故公行 過三川 聞其文書相往來 未得其審 故未敢以聞 且丞相居外 權重於陛下 二世乃使人按驗三川守與盜通狀 【절요】 乃曰:「丞相長男李由爲三川守, 與盜通, 且丞相居外, 權重於陛下.」二世以爲然, 乃使人按驗三川守與盜通狀.

평설

조고가 승상인 이사로 하여금 2세 황제 호해에게 간언하게 하자 이사는 이를 실행하기 위하여 호해에게 알현을 요청하였다. 하지만 조고는 일부러 적당하지 않은 시점을 택하도록 하게 하여 2세 황제가 이사에 대하여 화를 내게 하고 이에 맞추어 이사를 모함하였다.

조고가 이사를 모함하는 내용은 두 가지였다. 첫째로 현재 승상인 이사가 그것보다 더 높은 자리를 원할 것이라는 점과 둘째로 이사의 아들이 진에 대하여 반기를 든 제후들과 내통하고 있다는 소문이 있다는 것이었다.

그러나 확증이 없으니 조사하는 것이 좋을 것이라며 우려의 모습을 보였다. 물론 이 모함에 의하여 황제는 이사의 아들을 조사하게 하는 명령을 내린다.

조고는 자기의 목표를 달성하기 위하여 2세 황제의 손을 빌어 이사를 제거하려고 하였다. 그리고 이 음모를 알아차리지 못한 2세 황제는 조고의 손아귀에 놀아나게 되었다.

이 부분에 대하여 《절요》에서는 3분의 1 정도로 줄여서 기술하였고, 《강목》에서는 3분의 2 정도 분량으로 기술하였다. 물론 《강목》에서는 이 내용을 앞에 제시한 [강]인 '秦下右丞相馮去疾左丞相李斯 吏去疾自殺 要斬斯 夷三族 以趙高爲中丞相' 부분의 아래에 두고 있으며, 이 대목은 전체 8개 단락 가운데 네 번째 단락이다.

이사에게 공격받는 조고를 막아주는 2세

원문번역

이사가 이 소식을 듣고, 이어서 편지를 올려 조고의 단점을 말하였다.

"조고는 이로움을 멋대로 하고 해로운 것을 멋대로 처리하는 것이 폐하와 다름이 없습니다. 옛날에 전상(田常)이 제 간공(簡公)의 재상 노릇을 할 때, 그의 은혜와 위엄을 훔쳐서 아래로 백성을 얻고 위로는 여러 신하를 얻어 끝내는 간공을 시해하고 제를 빼앗았으니, 이것은 천하 사람들이 익히 아는 바입니다.

이제 조고는 사악하고 방일한 뜻을 갖고 있으며 위험하고 반란하는 행위를 하고 있어서, 그 개인 집이 갖고 있는 부유함은 마치 전씨가 제에서 한 것과 같으며 또한 탐욕스러워 만족하는 일이 없고, 이익을 구함에 있어서 중지하지 않고, 형세를 늘어놓은 것이 주군의 다음이고, 그 욕심은 끝이 없어서 폐하의 위신에 접주고 있으니, 그 뜻은 한이(韓玘, 혹은 韓起)가

한안(韓安)의 재상이 되었을 때와 같습니다. 폐하께서 도모하지 않는다면 신은 그가 반드시 변란을 일으킬까 걱정입니다."
2세 황제는 말하였다.

"왜 그런가? 무릇 조고는 옛날부터 있었던 환관인데, 그러나 편안하기 때문에 뜻을 방자하게 하지 않을 것이고, 위험한 일이 있다 하여서 마음을 바꾸지 않을 것이며, 행동을 깨끗이 하고 착한 마음을 닦아서 스스로 여기에까지 이르게 하여서, 충성으로 직위가 올라갔고 믿음으로 그 자리를 지켰으니, 짐은 실로 그가 현명하다고 생각하는데, 그대가 이를 의심하다니 어쩐 일이오?

또한 짐이 조군에게 맡기지 않으면 마땅히 누구에게 맡긴다는 말이오! 또한 조군의 사람됨이 아주 깨끗하고 강력한 사람이어서 아래로는 인정을 알고, 위로는 짐에게 적응할 수 있으니, 그러니 그대는 의심하지 마시오."

2세 황제는 본디 조고를 아껴서 이사가 그를 죽일까 걱정하여 마침내 사적으로 조고에게 말하였다.

조고가 말하였다.

"승상이 걱정하는 것은 다만 저 조고뿐인데, 저 조고가 이미 죽기만 하면 승상이 바로 전상이 한 것을 할 것입니다."

원문

李斯聞之, 因上書言趙高之短曰: "高擅利擅害, 與陛下無異. 昔田常相齊簡公, 竊其恩威, 下得百姓, 上得羣臣, 卒弑簡公而取齊國, 此天下所明知也. 今高有邪佚之志, 危反之行, 私家之富, 若田氏之於齊矣, 而又貪欲無厭, 求利不止, 列勢次主, 其欲無窮, 劫陛下之威信, 其志若韓玘爲韓安相也. 陛下不圖, 臣恐其必爲變也."
二世曰 : "何哉! 夫高, 故宦人也 ; 然不爲安肆志, 不以危易心, 潔行修善, 自使至此, 以忠得進, 以信守位, 朕實賢之 ; 而君疑之, 何也? 且朕非屬趙君, 當誰任哉! 甘趙君爲人, 精廉强力, 下知人情, 上能適朕 ; 君其勿疑!" 二世雅愛趙高, 恐李斯殺之, 乃私告趙高. 高曰 : "丞相所患者獨高 ; 高已死, 丞相卽欲爲田常所爲."

【강목|절요】*

평설

《자치통감》에서는 역사적인 사건을 예로 들면서 조고의 단점을 적시하고 장차 조고가 변란을 일으키게 될 것이라는 이사의 편지 내용을 비교적 소상히 적고 있다.

하지만 이러한 편지를 받은 2세 황제는 여전히 조고에 대하여 신임을 보냈고, 급기야는 승상 이사가 조고를 죽일지도 모른다고 생각하여 이사의 편지 내용을 조고에게 전해준다. 황제가 이사의 의도대로 움직이지 않았을 뿐만 아니라 도리어 조고의

---

* 【강목】 (목) 斯聞之 乃上書言高罪 二世曰 趙君爲人精廉强力 下知人情 上能適朕 朕實賢之 而君疑之 何也 且朕非屬趙君 當誰任哉 【절요】 내용없음

반격을 받을 구실이 마련해 준 것이다.

이는 진나라가 조고를 제거할 기회를 잃게 되는 사건이며, 조고를 제거할 수 없었던 근본 원인이 2세 황제의 잘못된 판단에 기인하고 있음을 알게 해준다. 그러므로 한 나라의 운명은 똑똑한 신하도 중요하지만 그 보다 더 중요한 것은 최고책임자의 판단력이라는 사실을 일깨우고 있다.

그러한 점에서 이 내용은 독자에게 큰 교훈을 줄 수 있는 것이지만 《절요》에서는 이 부분을 생략하였고, 《강목》에서는 이사의 편지 내용을 하나도 소개하지 않았다.

다만 2세 황제가 조고에게 변함없는 신임을 보내고 있다는 사실만 기재하였다. 《강목》의 이 부분은 앞의 〔강〕인 '秦下右丞相馮去疾左丞相李斯 吏去疾自殺 要斬斯 夷三族 以趙高爲中丞相' 밑에 있는 〔목〕의 8개 단락 가운데 다섯 번째의 단락에 두고 있다.

감옥에 갇히는 승상 이사

원문번역

이때 도적은 더욱 많아지고, 관중에 있는 병졸을 발동시켜 동쪽으로 가서 도적 칠 일은 끊임이 없었다. 우승상 풍거질(馮去疾)과 좌승상 이사, 장군 풍겁(馮劫)이 나아가서 간하였다.

"관[함곡관]의 동쪽에서 도적떼들이 나란히 일어나고 우리 진은 군사를 발동하여 쳐서 죽이니, 죽고 도망한 것이 아주 많지만 그러나 오히려 그치지를 않고 있습니다. 도적이 많은 것은 모두 수(戍)자리를 서고, 조운(漕運)을 하고, 전운(轉運, 육로운반)을 하며 일을 하느라 고생스럽고 부세도 크기 때문입니다. 청컨대 또한 아방궁 짓는 것을 그치시고 사방 변두리의 수(戍)자리 서는 일과 전운을 줄여주십시오."

2세 황제가 말하였다.

"무릇 귀하게 되어 천하를 소유한 사람은 지극히 자기가 하고 싶은 뜻과 욕심대로 하는데, 중요한 것을 주관하고 법을 밝혀 아래에서는 감히 잘못을 못하게 하여서 사해를 통제하는 것이오. 무릇 우(虞)와 하(夏)의 주군[舜禹]은 귀하기로는 천자가 되어서도 친히 궁색하고 고생스럽게 실제에 살면서 백성들을 위하여 헌신하였는데, 오히려 어떻게 본받겠소?

또 돌아가신 황제께서는 제후에서 시작하여 천하를 다 아울러서 천하가 이미 평정되었고 밖으로는 사이(四夷, 동이, 서융, 북적, 남만)를 물리쳐서 변경을 편안케 하였고, 궁실을 지어서 뜻을 얻었음을 빛냈으니, 그대들은 돌아가신 황제의 공적과 업적은 실마리가 있음을 보았던 사람들이오.

이제 짐이 즉위하여 2년 동안에 도적떼들이 나란히 일어났는데도 그대들은 금할 수 없었고, 또 돌아가신 황제가 한 일을 없애려고 하니, 이는 위로는 돌아가신 황제에게 보답함이 없는 것이고 다음으로는 짐을 위하여 충성스런 힘을 다하지 않는 것이니 어찌 그 자리에 있겠단 말이오!"

풍거질과 이사 그리고 풍겁을 관리(형리)에게 내려 보냈고 또 다른 죄를 조사하여 책임을 지웠다. 풍거질과 풍겁이 자살하자, 다만 이사만 옥에 넣었다. 2세 황제는 조고에게 그를 처리하도록 하여 이사와 그의 아들 이유(李由)가 모반하였다는 상황을 책임 지우니, 모두 종족과 빈객들도 전부 체포하였다. 조고가 이사를 치죄하는데, 고문하기를 1천여 번 하니 그 고통을 이기지 못하여 스스로를 무고하여 자복하였다.

원문

是時, 盜賊益多, 而關中卒發東擊盜者無已. 右丞相馮去疾·左丞相李斯·將軍馮劫進諫曰 "關東羣盜並起, 秦發兵誅擊, 所殺亡甚衆, 然猶不止. 盜多, 皆以戍·漕·轉·作事苦, 賦稅大也. 請且止阿房宮作者, 減省四邊戍·轉." 二世曰: "凡所爲貴有天下者, 得肆意極欲, 主重明法, 下不敢爲非, 以制禦四海矣. 夫虞·夏之主, 貴爲天子, 親處窮苦之實以徇百姓, 尙何於法! 且先帝起諸侯, 兼天下, 天下已定, 外攘四夷以安邊境, 作宮室以章得意; 而君觀先帝功業有緒. 今朕卽位, 二年之間, 羣盜並起, 君不能禁, 又欲罷先帝之所爲, 是上無以報先帝, 次不爲朕盡忠力, 何以在位!" 下去疾·斯·劫吏, 案責他罪. 去疾·劫自殺, 獨李斯就獄. 二世以屬趙高治之, 責斯與子由謀反狀, 皆收捕宗族·賓客. 趙高治斯, 榜掠千餘, 不勝痛, 自誣服.

【강목|절요】*

평설

진 조정 안에서는 사방에서 군사 봉기가 일어나자 이에 대한 대책을 논의하게 되었다. 이사 등 승상들은 군사봉기의 원인이

---

* 【강목】斯又與右丞相馮去疾·將軍馮劫進諫曰 羣盜並起 皆以戍漕轉作事苦賦稅大也 請且止阿房宮作者 減四邊戍轉 二世曰 君不能禁盜 又欲罷先帝所爲 是上無以報先帝 次不爲朕盡忠力 何以在位 下吏按罪 去疾劫自殺 斯自負其辯 有功 無反心 乃就獄 二世 屬高治之 責與由反狀 收捕宗族·賓客 榜掠千餘 斯自誣服【절요】下斯吏, 斯就獄, 二世以屬趙高治之, 具斯五刑論.

전운의 고통, 부세, 아방궁 공사 등에 있다고 보고 이를 중지해야 한다고 2세 황제에게 건의하였다. 이 건의는 현상을 제대로 짚은 것이고 그 해결책을 나름대로 건의한 셈이다.

하지만 2세 황제는 사태의 심각성을 알지 못하고 도리어 황제란 마음대로 할 수 있는 사람이라는 생각을 가지고 이에 반대하는 이들에게 반란의 책임을 지우고 있다. 그 결과 승상 이사 등 세 사람은 자살을 강요받게 된다.

그런데 다른 두 사람은 자살하였지만 이사만은 잘못이 없다고 생각하여 자살하지 않고 감옥에 들어가서 버티기로 한다. 이사의 생각으로는 잘못은 조고와 황제에게 있으므로 이사 자신은 끝까지 버티면 끝내 사실이 밝혀질 것이라고 생각한 듯하다.

그러나 이를 조사하는 책임을 맡은 조고는 이사를 제거하려고 마음 먹고 꾸민 일이기 때문에 사실의 진위를 밝히는 일은 안중에 없었고, 오직 온갖 방법으로 고문을 벌였고 결국 이사는 잘못했다고 자복하고 만다.

이 사건으로 보아 승상인 이사가 아직도 조고의 수단이나 모함을 전체적으로 이해하지 못한 것으로 보인다. 조고는 이사가 생각하는 것보다 훨씬 악랄한 수법으로 그 목적을 이루려고 하는 사람이었다. 이 부분은 조고의 악랄함을 잘 보여 주는 대목이다.

그런데 《절요》에는 너무 많은 것을 생략하여 이사가 왜 하옥되었는지를 명확하게 알 수 없게 하였으며, 《강목》에서는 《자치통감》의 3분의 2 수준에서 설명하고 있다.

그런데 《강목》에 실린 이 부분은 앞에서 말한 〔강〕 '秦下右丞相馮去疾左丞相李斯吏去疾自殺要斬斯夷三族以趙高爲中丞相'의 밑에 〔목〕으로 배열하였으며, 8개 단락 가운데 여섯 번째의 단락에 배치하고 있다.

판단력이 모자라는 이사

원문번역

이사가 죽지 않은 까닭은 그가 변론하고 공로를 세운 것이 있으며, 실제로 반란할 마음이 없었음을 자부하여 편지를 올려서 스스로 진술을 하여 다행이 2세 황제가 깨달아서 그를 사면하게 하려 하였다.

마침내 옥중에서 편지를 올려서 말하였다.

"제가 승상이 되어 백성을 다스리기 30여 년입니다. 진의 땅이 좁아서 천리에 지나지 않았으며 군사도 수십만 명이었습니다. 신은 얕은 재주를 다하고 속으로 꾀를 내는 신하가 되어 금(金)과 옥(玉)을 밑천으로 하여 제후들에게 유세하게 하였고, 속으로는 갑병을 닦고 정치와 교화를 정리하고 투사들에게 관직을 주었으며 공신들을 존중하였으니 그러므로 끝내 한을 위협하고 위를 약하게 하였으며, 연·조를 깨뜨리고 제·초를 평정하여 끝내는 6국을 아울렀고 그 왕들을 포로로 하였고, 진을 세워서 천자로 하였습니다.

또 북으로 호(胡)·맥(貊)을 쫓아버리고 남으로 백월(百越)을 평정하여 진의 강함을 보였습니다. 다시 두곡(斗斛)과 도량(度量)과 문장(文章, 문자)을 고르게 하여 이를 천하에 공포하여서 진나라의 이름을 세웠습니다.

이것이 모두 신의 죄라면 저는 마땅히 죽은 지가 오래 되었을 것입니다. 황상께서 다행히 그 능력을 다하게 하여 마침내 오늘에 이를 수 있었습니다. 바라건대 폐하께서는 이를 살펴주십시오."

편지가 올라가자 조고는 관리로 하여금 이를 버리고 상주하지 않게 하고 말하였다.

"죄수가 어찌 편지를 올릴 수 있겠는가!"

원문

斯所以不死者, 自負其辯, 有功, 實無反心, 欲上書自陳, 幸二世寤而赦之. 乃從獄中上書曰: "臣爲丞相治民, 三十餘年矣. 逮秦地之陿隘, 不過千里, 兵數十萬. 臣盡薄材, 陰行謀臣, 資之金玉, 使游說諸侯; 陰脩甲兵, 飭政敎, 官鬪士, 尊功臣; 故終以脅韓, 弱魏, 破燕·趙, 夷齊·楚, 卒兼六國, 虜其王, 立秦爲天子. 又北逐胡·貉, 南定百越, 以見秦之强. 更克畫平斗斛·度量·文章, 布之天下, 以樹秦之名. 此皆臣之罪也, 臣當死久矣! 上幸盡其能力, 乃得至今. 願陛下察之!" 書上, 趙高使吏棄去不奏, 曰: "囚安得上書!"

【강목|절요】*

평설

　이사는 감옥에 들어가고 조고에게 그렇게 고문을 당하였으면 조고의 사람됨과 자기를 얽어매어 제거하려는 상황을 파악했어야 한다. 그러나 이사는 그러한 판단력이 모자란 듯 하다. 그는 과거에 진(秦)을 위하여 세운 공로를 가지고 위기를 벗어나 보려고 한다. 자신은 죄가 없고, 진(秦)에 대한 공로도 많았다는 것만 마음에 두고 있었다.

　하지만 처음부터 이사를 제거하려는 목적을 가진 조고에게 이사의 그러한 논리는 먹혀들 수 없었다. 도리어 음험하고 모략에만 능한 조고에게는 헛소리였을 뿐이다. 말하자면 이사는 정치력이 없었다. 진작 조고의 사람됨을 알고 정치적으로 이 문제를 해결해 두었어야 한다. 그러나 그는 '나만 잘 하면 무슨 문제가 있을 것인가?'라는 생각에서 벗어나지 못하였다.

　그래서 그는 어리석게도 혹시나 하는 마음으로 2세 황제에게 편지를 올렸다. 나는 죄가 없고 공로는 많은 사람이라고. 그러나 그것은 전 시대의 일이고, 새로 등장한 2세 황제와 조고에게는 오히려 전 시대에 업적을 세워서 힘을 갖게 된 사람은 걸림돌이 될 뿐이었다. 이것이 정권교체기의 정치 논리이다. 그런데 이사는 이것을 몰랐다. 이사는 어리석었다.

---

* 【강목】而從獄中上書 自陳前功 幸二世寤而赦之 高使棄去不奏. 【절요】내용없음

이 부분에 대하여 《절요》에서는 내용이 생략되었고, 《강목》도 이사가 쓴 편지의 부분은 생략하고 다만 이사의 편지를 황제에게 전하지 않은 상황만 기록하고 있다. 《강목》의 이 부분도 앞에 제시한 〔강〕인 '秦下右丞相馮去疾左丞相李斯吏去疾自殺要斬斯夷三族以趙高爲中丞相'의 8개 단락 가운데 일곱 번째 단락이다.

승상이 된 조고

원문번역

조고가 그의 빈객 10여 명으로 하여금 속여서 어사, 알자, 시중이라고 속여가지고 바꾸어 가면서 이사를 다시 신문(訊問)하였는데, 이사가 말을 그 사실대로 대답을 하면 번번이 사람을 시켜서 다시 태장을 쳤다. 그 뒤에 2세 황제가 사람을 시켜서 이사를 심문하니, 이사는 전과 같이 할 것이라고 생각하고 끝내 감히 바꾸어 말을 하지 못하였다. 자복하는 말을 하자 주당(奏當, 죽어도 죄가 마땅하다는 뜻)으로 올렸다. 2세 황제가 기뻐하며 말하였다.

"조군(趙君, 조고)이 없었더라면 거의 승상이 팔아먹는바 될 뻔하였다."

2세 황제가 시켜서 삼천(三川, 하남성 洛陽縣) 군수 이유(李由, 이사의 아들)를 조사하게 하였던 사람이 도착하게 되었지만 초의 군사가 이미 그를 쳐서 죽였다. 사자가 돌아오자 마침 승상이 관리들에게 내려 보내졌고, 조고는 모두 망령되게 반란을 일으키려 하였다는 말로 서로 견강부회하였고, 드디어 이사를 오형(五刑, 다섯 가지의 혹독한 고문)에 처하는 것으로 판결되어 함양의 저자에서 요참(腰斬)하게 하였다.

이사가 옥을 나오는데, 그의 둘째아들도 함께 잡혀 있었다. 그의 둘째아들을 돌아보면서 말하였다.

"나는 너와 함께 다시금 누런 사냥개를 끌고 상채(上蔡, 하남성 상채현; 李斯의 고향)의 동쪽 문에 나아가서 교활한 토끼를 쫓고 싶지만 어쩌할 수 있을까 보냐."

드디어 부자가 서로 곡(哭)을 하였고, 삼족이 주멸되었다. 2세 황제가 조고를 승상으로 삼으니, 일의 크고 작은 것을 모두 결정하였다.

원문

趙高使其客十餘輩詐爲御史·謁者·侍中, 更往覆訊斯, 斯更以其實對, 輒使人復榜之. 後二世使人驗斯, 斯以爲如前, 終不敢更言. 辭服, 奏當上. 二世喜曰: "微趙君, 幾爲丞相所賣!" 及二世所使案三川守由者至, 則楚兵已擊殺之. 使者來, 會丞相下吏, 高皆妄爲反辭以相傅會, 遂其斯五刑論, 腰斬咸陽市. 斯出獄, 與其中子俱執. 顧謂其中子曰: "吾欲與若復牽黃犬, 俱出上蔡東門逐狡兔, 豈可得乎!" 遂父子相哭而夷三族. 二世乃以趙高爲丞相, 事無大小皆決焉.

【강목|절요】*

평설

  이 대목은 진나라 조정의 실권을 조고가 다 차지하는 내용이다. 황제로부터 이사를 조사하라는 명령을 받은 조고는 이사에게 죄를 씌워서 제거해야 했다. 죄 없는 이사에게 죄를 씌우자니, 그를 신문하는 사람도 조고의 심복으로 하지 않으면 안 되었다.

  그리하여 조고는 자기의 빈객 가운데 적당한 사람을 골라서 이사를 고문하게 하면서 그들에게 직함을 참칭하게 했다. 감찰관인 어사라고 하거나 혹은 의례를 담당하는 관리인 알자라고 하였으며 또는 황제의 시중을 드는 시중이라는 명칭으로 이사를 고문하였다.

  당연히 관리가 아닌 사람을 관리로 둔갑시킨 것이니 불법이지만 이미 조고가 모든 권한을 다 쥐고 있는 상황이어서 이것이 문제되지는 않았다.

  그 결과 억지로 이사의 자복을 얻어냈고, 이러한 사정을 모르는 황제 호해는 조고를 유능한 사람으로 알고 고마워하고 있다. 이사는 자기가 죄가 없다는 것으로 살아 날 수 있으리라 기

---

* 【강목】 又使其客十餘輩詐爲御史·謁者·侍中, 更往來覆訊斯, 斯更以實對, 輒復榜之, 後二世使人驗斯, 斯以爲如前, 終不敢更言. 所使按三川守由者至, 則楚兵已擊殺之矣. 高皆妄爲反辭以相傅, 遂具斯五刑論, 要斬咸陽市. 斯顧謂其中子曰 吾欲與若復牽黃犬 俱出上蔡東門逐狡兎 豈可得乎 遂父子相哭 而夷三族. 二世乃以高爲中丞相 事皆決焉. 【절요】 腰斬咸陽市, 遂父子相哭而夷三族. 二世以趙高爲丞相, 事無大小皆決焉.

내했지만 그 기대는 이루어질 수 없는 것이었고, 결국 그 삼족(三族)이 이멸되었다.

이사의 순진한 기대와 황제 호해의 무능함과 환관 조고의 교활함이 합쳐져서 일어난 일이었다. 그러나 조고는 일시적으로는 성공했지만 결과적으로 자기를 보호해 줄 최후의 보루인 진 왕조의 몰락을 가져 오는 일을 한 것이며, 결과적으로 조고 본인도 몰락의 길로 가게 되었다.

이 사건을 《절요》에서는 아주 간단히 고문했다는 사실만 썼고, 《강목》에서는 《자치통감》에 나와 있는 내용의 3분의 2 정도를 서술하였다. 물론 《강목》에 실린 이 내용은 앞에 제시한 [강]의 '秦下右丞相馮去疾左丞相李斯吏去疾自殺要斬斯夷三族以趙高爲中丞相' 밑에 있는 목의 여덟 번째 단락으로 배치하였다.

장한에게 죽는 항량

원문번역

14 항량이 동아(東阿, 산동성 陽谷縣)에서 장한을 깨뜨리고 군사를 이끌고 서쪽으로 가는데, 북으로 정도(定陶, 산동성 定陶縣)에 이르러서 다시 진의 군대를 깨뜨렸다. 항우와 패공은 또 진의 군사와 옹구(雍丘, 하남성 杞縣)에서 싸워 이를 대파하고 이유(李由)를 목 베었다.

항량은 더욱 진을 가볍게 생각하고 교만한 모습이 나타나 있었다. 송의(宋義)가 간하였다.

"전투에 이기고도 장수가 교만해지고, 졸병이 게을러지면 패합니다. 이제 졸병들이 조금 나태해지는데, 진의 군사가 날로 많아지니 신은 그대를 위하여 이를 걱정합니다."

항량이 듣지 않았다.

마침내 송의에게 제에 사신으로 가게 했는데 길에서 제의 사자인 고릉군(高陵君) 현(顯)을 만나서 말하였다.

"공은 장차 무신군(武信君, 항량)을 만나보려고 합니까?"

말하였다.

"그렇소."

말하였다.

"신은 무신군이 반드시 패할 것이라고 결론을 내렸으니 공이 천천히 가면 바로 죽음을 면할 것이고, 빨리 가면 화에 미칠 것입니다."

2세 황제가 모든 군사를 일으켜서 장한을 도와 초의 군사를 공격하게 하여 그를 정도(定陶, 산동성 定陶縣)에서 대파하였는데, 항량이 죽었다.

원문

14 項梁已破章邯於東阿, 引兵西, 北至定陶, 再破秦軍. 項羽·沛公又與秦軍戰於雍丘, 大破之, 斬李由. 項梁益輕秦, 有驕色. 宋義諫曰: "戰勝而將驕卒惰者, 敗. 今卒少惰矣, 秦兵日益, 臣爲君畏之!" 項梁弗聽. 乃使宋義使於齊, 道遇齊使者高陵君顯, 曰: "公將見武信君乎?" 曰: "然." 曰: "臣論武信君必敗; 公徐行卽免死, 疾行則及禍." 二世悉起兵益章邯擊楚軍, 大破之定陶, 項梁死.

【강목|절요】*

---

* 【강목】 (강) 章邯擊破楚軍於定陶, 項梁死. (목) 項梁再破秦軍益輕秦, 有驕色. 宋義諫曰, 戰勝而將驕卒惰者, 敗. 今卒少惰矣. 秦兵日益, 臣爲君畏之, 弗聽. 二世悉起兵益章邯擊楚軍, 大破之定陶, 梁死. 【절요】 ○項梁已破章邯, 引兵至定陶, 再

진·초의 대전투, 항량의 사망(기원전 208년)

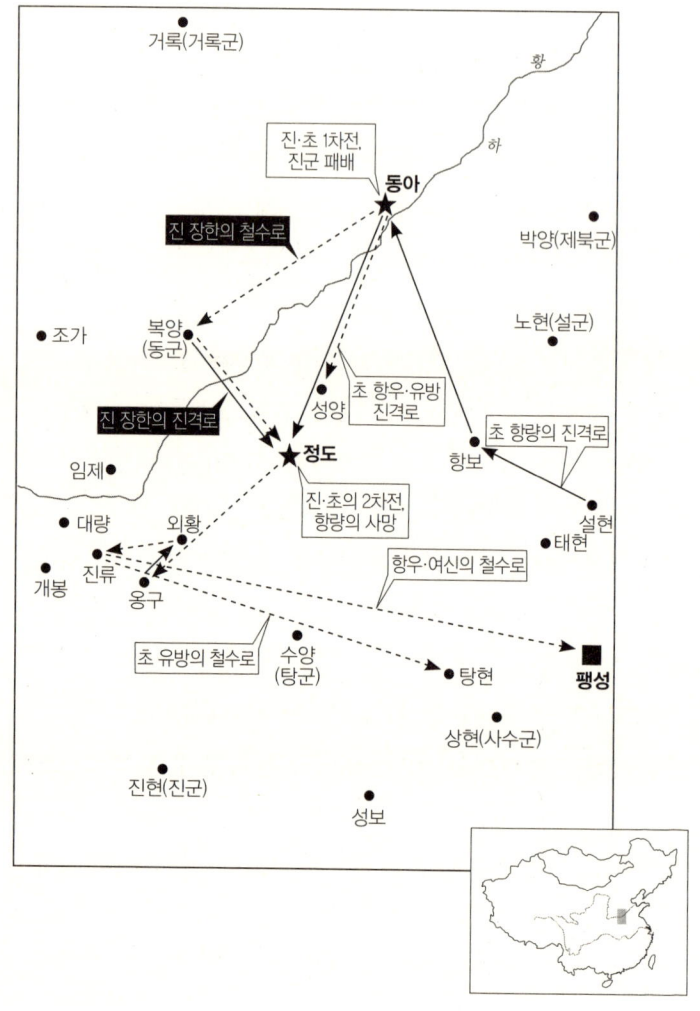

평설

여기서는 초 지역에서 진승보다 늦게 기병하였지만 반진(反秦) 세력의 대표라 할 수 있는 항량이 실패할 수밖에 없는 근본 이유를 설명하고 있다. 항량은 반진 세력을 모아서 진과 교전하여 승리하였다. 특히 진(秦) 승상인 이사의 아들인 이유까지 깨뜨리는 전과를 얻자 진의 전력을 얕보게 되었다. 그도 그럴 것이 진 승상의 아들이라면 진의 군대 가운데 가장 강력한 정예병사를 배속시켰을 것이기 때문이다.

그래서 항량은 기고만장했고, 이제 자신을 대적할 만한 진의 세력은 없다고 판단했다. 그래서 진을 얕잡아 보았고, 마치 모든 것에 성공한 것처럼 거드름을 피웠던 것이다. 이를 본 송의는 전투에서 승리했다고 해서 장졸이 거만하거나 게으름을 피우면 실패의 원인이 된다고 간하였다. 맞는 말이었지만 항량은 이 충고를 듣지 않고 오히려 송의를 제에 사신으로 가게 하여 제로 쫓아보냈다.

송의는 후에 대장군이 되었다가 항우에게 죽였지만 사람됨을 잘 파악한 전략가였다. 송의는 제로 가는 도중에 제의 사신으로 초로 오고 있던 고릉군을 길에서 만난다. 두 나라의 사신이 중간에서 만난 것이며, 여기서 송의는 항량이 곧 실패할 것이니

破秦軍. 項羽·沛公又與秦軍戰於雍丘, 大破之, 斬李由. 梁益輕秦, 有驕色. 宋義諫曰:「戰勝而將驕卒惰者, 敗. 臣爲君畏之!」梁弗聽. 二世悉起兵益章邯擊楚軍, 大破之定陶, 項梁死.

천천히 초로 가야 목숨을 부지하게 될 것이라는 말을 남긴다.

송의의 이 말은 적중하여 진의 2세 황제가 진의 장군 장한에게 군사를 더 보내 주자, 항량은 그에게 패배하고 죽는다. 항량이 실패할 수밖에 없는 이유를 알고, 동시에 사람을 보는 송의 전략적 안목이 드러난 것이다.

이 사건에 관하여서는 《절요》와 《강목》에서 똑같이 다 기술하고 있다. 항량이라는 제후군의 지도자가 죽은 사건이기 때문일 것이다.

갈라지는 항우와 유방

원문번역

이때 계속하여 비가 내려 7월부터 9월에 이르렀다. 항우·패공은 외황(外黃, 하남성 杞縣 동쪽)을 공격하였으나 떨어뜨리지 못하고 떠나서 진류(陳留, 하남성 陳留縣)를 공격하였는데, 무신군이 죽었다는 소식을 듣고 사졸들이 두려워하여 마침내 장군 여신(呂臣)과 더불어 군사를 이끌고 동쪽으로 가서 회왕(懷王)을 이사시켰는데 우이(盱眙, 안휘성 盱眙縣)에서 팽성(彭城, 강소성 蘇州市)으로 가서 도읍하였다. 여신은 팽성의 동쪽에 진을 치고, 항우는 팽성의 서쪽에 진을 치고, 패공은 탕(碭, 강소성 碭山縣)에 진을 쳤다.

원문

時連雨, 自七月至九月. 項羽·沛公攻外黃未下, 去, 攻陳留; 聞武信君死, 士卒恐, 乃與將軍呂臣引兵而東, 徙懷王自盱眙都彭城. 呂臣軍彭城東; 項羽軍彭城西; 沛公軍碭.

【강목|절요】*

평설

  초의 최고 지도자 항량이 죽고 난 다음에 반진 세력의 중심이었던 초의 전열은 혼란에 빠진다. 승승장구하며 진군의 세력을 얕보던 장졸들은 예상치못하게 항량이 죽자 이제 두려움에 떨게 된다.

  사실 전장에서 승패란 늘 있을 수 있는 일이다. 그러나 승리했다고 교만해지고 패배했다고 하여 두려움에 떠는 것은 제대로 훈련된 군대가 아니다. 그러한 점에서 초의 군사는 아직도 오합지졸의 수준이었다.

  하여간 이들은 후퇴를 단행하여 그들의 근거지를 지키고자 한다. 초군은 세 사람으로 구성되는데, 항우와 여신과 유방이었다. 이들은 각기 초의 도읍을 방어하기 위한 전략적 위치를 점거하고 진을 친다.

  이것이 항우와 유방이 갈라지게 되는 계기가 된다. 이렇게 한 번 갈라진 군대는 하나로 통합될 수 없고, 오히려 서로 적대관계로 발전한다. 각기 새 살림을 차렸기 때문이다. 그러한 점에서 이 사건은 앞으로 전개되는 항우와 유방의 쟁패전이 있게 한 사건이라고 할 수 있다.

---

* 【강목】(목) 懷王徙都彭城 并項羽·呂臣軍自將之. 【절요】 내용없음

항량이 죽은 다음에 어떻게 전열을 가다듬었고 어떻게 분열되었는지를 보는 중요한 사건임에도 《절요》에서는 한 줄도 싣지 않고, 《강목》에서는 항우와 여신에 관하여서만 쓰고 유방의 움직임을 생략하고 있다. 역시 전체를 파악하기는 어려운 서술이다.

위왕을 세우는 초 회왕

원문번역

15 위표(魏豹)가 위의 20여 개 성을 함락시키니 초의 회왕(懷王)이 위표를 세워 위왕으로 삼았다.

원문

15 魏豹下魏二十餘城；楚懷王立豹爲魏王.

【강목|절요】*

평설

장한의 공격을 받아 최고 지도자인 항량을 잃은 초나라는 새로운 조치를 취하여야 했다. 그것은 바로 우군을 만드는 일이다. 그런데 마침 중원지역에서 위표가 위 지역에서 전과를 올려 20개의 성을 함락시키자 재빨리 위표를 위왕으로 삼는다.

---

* 【강목】(강) 楚立魏豹爲魏王 【절요】 내용없음

이는 진나라 장한군의 전력을 분산시키는 효과를 가져 올 수 있는 전략이다. 중원지역에 위나라를 만들어 줌으로써 장한의 공격을 어느 정도 늦출 수 있다는 계산이 깔린 조치였다. 전국시대에 그 자리에 위나라가 있었고, 또 위표는 위나라의 왕성(王姓)을 가진 사람이었으니, 누가 보아도 명분에 맞았다. 명분과 실리를 함께 챙긴 것이다.

그런데 《절요》에서는 이 내용이 생략되었고, 《강목》에서는 위왕을 세웠다는 기록만 있으므로 진과의 대결에서 위표가 전략적 지역인 중원지역에서 20여 개의 성을 빼앗았다는 것을 독자가 파악하기 어렵게 하고 있다.

초 회왕의 재정비

원문번역

16 후(後, 윤달) 9월에 초의 회왕이 여신과 항우의 군사를 아울러서 스스로 이를 거느렸다. 그리고 패공을 탕(碭, 치소는 수양)의 군장(郡長, 군수)으로 삼고서 무안후(武安侯)에 책봉하여 탕군(碭郡)의 군사를 거느리게 하였고, 항우를 장안후(長安侯)에 책봉하고 노공(魯公)이라고 불렀고, 여신(呂臣)을 사도(司徒)에 임명하고, 그의 아버지 여청(呂靑)을 영윤(令尹, 재상)으로 삼았다.

원문

16 後九月, 楚懷王幷呂臣·項羽軍, 自將之 ; 以沛公爲碭郡長, 封武安侯, 將碭郡兵 ; 封項羽爲長安侯, 號爲魯公 ; 呂臣爲司徒, 其父呂靑爲令尹.

【강목|절요】*

---

*【강목】號羽爲魯公.【절요】내용없음

평설

　항량이 죽은 후 몇 달이 지나자 초 회왕은 직접 항우와 여신이 갖고 있던 군대를 거느리는 조치를 취한다. 스스로 정치를 주관하겠다는 의지의 표시였다.

　그리고 초의 중심인물이라 할 패공 유방과 항우, 여신에게 각기 직책을 주고 있다. 말하자면 전열의 정비이다. 그런데 여기서 중요한 것은 전국시대 초나라 왕의 손자이지만 오랫동안 양치기로 살아온 그가 제대로 정치의 중심에 설 능력을 갖추었는지의 문제이다.

　초 회왕이 직위로서는 왕이지만 현재의 직위를 가지고 군대를 거느리겠다는 것은 스스로 초에 속한 여러 사람과 경쟁을 하겠다는 의지의 표현이었다.

　로봇, 혹은 허수아비라고 생각한 초 회왕이 주인 노릇을 하겠다는 것은 그를 세운 사람들과 대립각을 세우는 것이며, 동시에 내부적으로 갈등관계에 들어가는 수순이다. 이것이 아마도 초 회왕이 항우에게 죽게 되는 단초일 것이다.

　이러한 미묘한 일은 보기에 따라서는 대단히 중요한 일이지만 《절요》와 《강목》에서는 무심히 넘어가고 있다. 다만 《강목》에서는 항우로 노공으로 삼았다는 사실을 9월 이전의 부분에 쓰고 있다. 이 부분은 사실과 맞지 않는 배열인 셈이다.

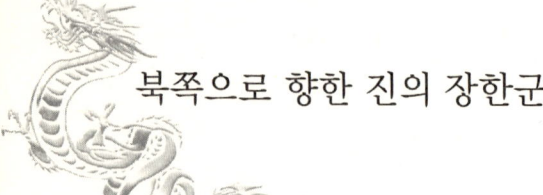

북쪽으로 향한 진의 장한군

원문번역

17 장한이 이미 항량을 격파하고 나서 초 지역의 군사는 근심거리가 못된다고 여기고 마침내 황하를 건너 북쪽으로 가서 조를 공격하여 이를 대파하였고, 군사를 이끌어서 한단에 이르러서 그 백성들을 모두 하내(河內)로 옮기고 그 성곽을 없앴다. 장이와 조왕 조헐(趙歇)이 달아나서 거록성(鉅鹿城, 하북성 平鄕縣)으로 들어갔는데, 왕리(王離, 진의 장군)가 이를 포위하였다. 진여는 북쪽으로 가서 상산(常山, 하북성 元氏縣)의 군사를 수습하여 수만 명을 만들어 가지고 거록의 북쪽에 진을 쳤는데, 장한이 거록의 남쪽에 있는 자원(棘原)에 진을 쳤다. 조는 자주 초에 구원하여주기를 청하였다.

원문

17 章邯已破項梁, 以爲楚地兵不足憂, 乃渡河, 北擊趙, 大破之 ; 引兵至邯鄲, 皆徙其民河內, 夷其城郭. 張耳與趙王歇走入鉅鹿城,王離圍之. 陳餘北收常山兵, 得數萬人, 軍鉅鹿北 ; 章邯軍巨鹿南棘原. 趙數請救於楚.

【강목|절요】*

평설

진나라의 장군 장한은 남쪽 초 지역의 반란군 우두머리 항량을 죽였으므로 남쪽 초나라 지역은 걱정할 것이 못된다고 생각하고 방향을 북쪽으로 돌렸다. 이것이 바로 장한이 실패한 이유의 하나이다. 큰 불을 끈 다음에 잔불까지 잘 처리해야 하지만 장한은 항량을 죽였으니 남쪽 초 지역은 걱정거리가 못 된다고 안일한 판단을 한 것이다.

북쪽에 세워진 조나라는 자체 분열을 하여 장군 이량이 그 왕을 죽였다. 물론 이량은 장이와 진여에게 쫓겨 진으로 도망하였지만 그만큼 전력이 약화된 것이 사실이었다.

이러한 상황을 파악한 진나라의 장군 장한은 군대를 북쪽 조나라로 돌렸다. 조금만 더 압박을 하면 조 지역의 반란도 평정할 수 있을 것이라는 자신감에 차 있었을 것이다. 아니나 다를까 조나라의 중심인물인 장이는 거록으로 도망하였는데 장한의 부장인 왕리가 이를 포위하였고, 진여는 수만 명의 군인을 가지

---

*【강목】(강) 章邯擊趙 圍趙王於鉅鹿 楚以宋義爲上將軍救之 (목) 章邯以楚地兵不足憂 乃北擊趙 破邯鄲 張耳以趙王走鉅鹿 王離圍之 陳餘北收兵得數萬人 軍其北 章邯軍其南 趙數請救於楚. 【절요】章邯已破項梁, 乃渡河, 北擊趙, 趙數請救於楚.

거록의 포위도(기원전 208년)

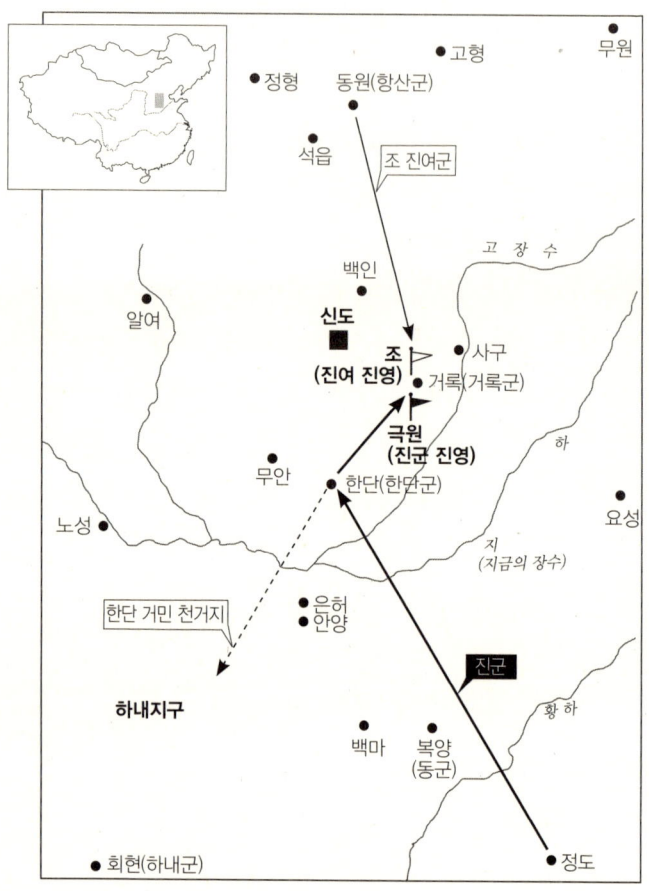

고 장한과 힘겹게 대치하게 되자 남쪽으로 초나라에 구원을 요청하였다.

사실 이제 진나라는 일선에 나아가서 반란군과 싸우는 장한만을 확실하게 밀어 준다면 이들 세력을 진압하는 것도 어렵지 않은 상황이었다. 요컨대 진나라 조정에서 실권을 잡은 조고가 어떻게 하느냐에 따라서 이 고비를 넘길 수 있을지 아닌지가 결정되게 된 셈이다. 중앙정부에서 확실히 단결하고 어려움을 극복하고자 한다면 충분히 가능성이 있어 보였다.

그런데 《절요》에서는 이 사실을 단 몇 자로 정리하였고, 《강목》에서는 조의 원조 요청에 송의로 하여금 그들을 돕게 결정한 사항까지 〔강〕에 기록하고 있다.

송의를 대장군으로 임명한 초 회왕

원문번역

고릉군 현(顯, 제의 사자)이 초에 있었는데, 초왕을 보고 말하였다.

"송의가 무신군의 군사가 반드시 패할 것이라고 평론했는데 며칠 지나자 군사가 과연 패하였습니다. 군사가 아직 싸워 보지도 않았는데, 먼저 그가 패할 징조를 본 것이니, 이는 군사를 안다고 말할 수 있을 것입니다."

왕이 송의를 불러서 함께 이를 계획하고는 크게 기뻐하고 이어서 상장군에 임명하고 항우를 차장(次將)으로 삼고 범증을 말장(末將)으로 삼아서 조를 구하게 하였다. 여러 별장(別將)들은 모두 송의(宋義)에게 소속시키고 이를 '경자관군(卿子冠軍)'이라고 불렀다.

원문

高陵君顯在楚, 見楚王曰:"宋義論武信君之軍必敗;居數日, 軍果敗. 兵未戰而先見敗徵, 此可謂知兵矣!"王召宋義與計事而大說之, 因置以爲上將軍, 項羽爲次將, 范增爲末將, 以救趙. 諸別將皆屬宋義, 號爲"卿子冠軍."

【강목|절요】*

평설

진나라 장한의 군대가 북쪽으로 조나라를 공격하기 위하여 초 지역을 떠나자 초나라의 회왕은 전력을 재정비할 시간을 벌 수 있었다. 비록 목동에서 불려 와서 왕이 되었지만 일단 왕이 된 이상 왕으로서의 역할을 수행해야 했기 때문이다.

이때에 회왕은 제나라에서 사신으로 온 고릉군에게서 항량에게 몇 번의 승리에 도취하여 거만하게 되면 위험이 다가 올 것이라고 예언했던 송의에 관한 이야기를 듣고, 그를 불러다 대장군을 시킨다. 그리고 그 차장으로 항우를 임명하고, 항우의 책사인 범증을 말장으로 임명하여 모든 군사력을 송의에게 주면서 조나라를 구원하게 한다.

송의는 항량에게 건의 한 번 한 것 때문에 일약 대장군이 된 것이다. 대장군이 된 송의는 그 군대의 명칭을 경자관군이라고 붙였다.

---

*【강목】楚王聞宋義先策武信君必敗 召與計事大說之 因以爲上將軍 項羽爲次將 范增爲末將 以救趙 義號卿子冠軍 諸別將皆屬焉.【절요】楚王以宋義爲上將軍, 項羽爲次將, 以救趙. 諸別將皆屬宋義, 號爲「卿子冠軍」.

경자관군이 무슨 뜻인지는 분명히 해석하기 어렵지만 추측적인 해석을 한다면 경(卿)이란 말은 대부에 대한 칭호이고, 자(子)는 작위의 칭호이며, 관군(冠軍)이란 사람들의 머리라는 뜻으로 볼 수 있다. 그러면 경자(卿子)는 공자(公子)라는 정도의 존칭일 것이며 관군이란 으뜸가는 군대란 말이다. 따라서 송의는 스스로를 공자라고 하면서 자기가 거느린 군대가 최고의 군대라고 호칭한 것이다.

사실 송의는 그가 제나라의 사신 고릉군 현을 통하여 항량에게 '교병필패(驕兵必敗)'라는 명언 하나를 남긴 것이 전해진 것 이외에는 어떤 행적도 알 수 없다. 그러한 사람을 덜컥 대장군으로 임명한 것부터가 경솔한 짓이었다. 말이나 전법 하나를 알고 이를 건의하는 것도 중요하지만 전쟁에서는 상황에 따른 기민한 결정력이 중요하다.

그런데 송의에게 이러한 장군의 자질이 있는지도 검증하지 않고 임명하였는데, 임명하자마자 자기가 거느린 군대가 최고의 군대라는 명칭을 붙였으니 썩 잘 한 것으로 보기는 어렵다. 다시 말하면 초 회왕이 사람을 보는 안목의 한계를 드러낸 사건이라고 할 것이다.

어쨌거나 《절요》와 《강목》에서는 이 사실을 기록하고 있다. 다만 《강목》에서는 이 [목] 부분에 해당하는 [강]인 '楚以宋義爲上將軍救之'도 함께 이어서 쓰고 있을 뿐이다.

함양 공격권을 얻은 유방

원문번역

처음에 초의 회왕이 제장(諸將)과 약속하였다.

"먼저 관중(關中, 함곡관 안쪽 진의 도읍 함양)에 들어가서 평정하는 사람을 그곳의 왕으로 할 것이다."

이 당시에 진의 군사는 강하여 항상 이긴 기세를 타고 북으로 좇고 있어서 제장들은 먼저 관중으로 들어가는 것이 이롭지 못하다고 생각하였는데, 다만 항우는 진이 항량을 살해한 것을 원망하여 분연히 패공과 함께 서쪽으로 가서 입관(入關)하기를 원하였다.

회왕의 여러 늙은 장수들이 모두 말하였다.

"항우는 사람됨이 빠르고 용감하지만, 교활하고 잔포하여 일찍이 양성(襄城, 하남성 襄城縣)을 공격하면서 양성에 남아 있는 것이 없게 하여 모두 땅에 묻어 버렸고, 여러 지나 간 곳에는 잔멸되지 않은 것이 없었습니다. 또 초는 자주 진격하여 빼앗으려 하였지만 전의 진왕(陳王, 陳勝)·항량이 모두 패하였으니 어른스런 사람[長者]을 다시 파견하여 의를 북돋우면서 서쪽으로 나아가서 진의 부형들을 효유(曉諭)하는 것만 못합니다.
진의 부형들은 그들의 주군 때문에 고생을 한 지가 오래 되었고, 이제 진실로 어른스런 사람을 찾아내 가게 하여 침략하거나 폭행하지 않는다면 마땅히 떨어뜨릴 수 있습니다. 항우는 파견해서는 안 되고, 다만 패공은 원래 관대한 장자(長者)이니 파견할 수 있습니다."
회왕은 마침내 항우에게는 허락하지 않고, 패공을 파견하여 서쪽으로 가서 땅을 경략하게 하고 진왕·항량의 흩어진 군사를 모아서 진을 치게 하였다.
패공이 탕(碭, 강소성 碭山縣)으로 가는 길에 양성(陽城, 산동성 濮縣)과 강리(杠里, 산동성 武城縣 경계 지역)에 이르러서 진의 성벽을 쳐서 그 두 개의 군대를 깨뜨렸다.

원문

初, 楚懷王與諸將約: "先入定關中者王之." 當是時, 秦兵強, 常乘勝逐北, 諸將莫利先入關; 獨項羽怨秦之殺項梁, 奮願與沛公西入關. 懷王諸老將皆曰: "項羽爲人, 慓悍猾賊, 嘗攻襄城, 襄城無遺類, 皆阬之; 諸所過無不殘滅. 且楚數進取, 前陳王·項梁皆敗, 不如更遣長者, 扶義而西, 告諭秦父兄. 秦父兄苦其主久矣, 今誠得長者往, 無侵暴, 宜可下. 項羽不可遣; 獨沛公素寬大長者, 可遣." 懷王乃不許項羽, 而遣沛公西略地, 收陳王·項梁散卒以伐秦.

沛公道碭, 至陽城與杠里, 攻秦壁, 破其二軍.

【강목|절요】*

평설

이 부분은 항우와 유방의 운명이 갈리는 대목이다. 이야기는 항량이 죽고 초왕이 정치를 주관할 때에 벌어진 일로 누구로 하여금 진의 도읍인 함양을 공격하게 할 것이냐를 결정하는 회의 내용이다.

이 당시에 진나라 장한에게 항량이 전사한 상황에서 진나라 군대를 만만하게 볼 사람은 아무도 없었다. 다만 항우는 자기의 삼촌인 항량이 장한에게 죽었기 때문에 원수를 갚고자 하는 생각이 북받쳐서 함양 공격을 자임하였던 것이다.

그러나 거기에도 문제는 있었다. 전투를 잘하는 것도 중요하지만 이때에 더 중요하다고 생각된 것은 정치력이었다. 싸우지 않고도 진민(秦民)을 끌어들이는 것이 중요한 전략이라고 생각

---

*【강목】 (강) 楚遣沛公伐秦 (목) 初 楚懷王與諸將約 先入定關中者 王之 是時 秦兵尙強 諸將莫利先入關 獨項羽怨秦 奮勢願與沛公西 諸老將曰 羽慓悍猾賊 嘗攻襄城 襄城無遺類 所過無不殘滅 且楚數進取皆敗 不如更遣長者 扶義而西 告喩秦父兄 秦父兄苦其主久矣 今誠得長者 往無侵暴 宜可下 羽不可遣 獨沛公素寬大長者 可遣 王乃遣沛公 收陳王項梁散卒 以伐秦. 【절요】. 初, 楚懷王與諸將約 :「先入定關中者王之.」當是時, 秦兵彊, 常乘勝逐北, 諸將莫利先入關 ; 獨項羽怨秦之殺項梁, 奮身願與沛公西入關. 懷王諸老將皆曰 :「項羽爲人, 慓悍猾賊, 嘗攻襄城, 襄城無遺類, 諸所過無不殘滅. 不如更遣長者, 扶義而西, 告諭秦父兄. 秦父兄苦其主久矣, 今誠得長者往, 無侵暴, 宜可下. 羽不可遣 ; 獨沛公素寬大長者, 可遣..」懷王乃不許羽, 而遣沛公西略地.

한 것이고 이는 또 적절한 생각이었다. 성을 공격하면서 도륙을 하면 그 근처에 있는 다른 성에서도 저들이 오면 자기들도 도륙될 것이라는 생각 때문에 결사 항쟁할 것이기 때문이다.

그런데 항우는 싸움은 잘 했지만 빼앗은 성에서 원수를 갚듯이 도륙해 버렸던 전력이 있었다. 그 때문에 인심도 잃었고, 성공을 못하였다는 것이 당시 장군들의 시각이었다. 그래서 관대한 성품을 가진 유방이 진을 정복하는 데는 적격이라고 생각했다. 그래서 함양으로 진격할 수 있는 권한을 유방이 얻게 된 것이다.

물론 유방의 수하에는 군사가 별로 없었다. 그래서 겨우 항량이 죽은 후 흩어진 군사들을 모아서 싸우라는 것이었다. 유방으로서도 함양을 공격하라는 임무를 충분히 달성할만한 조건을 갖추지는 못했다. 즉, 장한의 군대가 강하다는 것 때문에 다들 꺼려하고 있는 상황인데 산졸(散卒)을 거두어 싸우라고 하였으니 최악의 조건이라고 할 수 있다.

그러나 이러한 최악의 조건을 가지고도 목표를 달성할 수 있다면 일약 커다란 세력으로 성장할 수 있다. 정체절명의 순간이 유방에게 다가 온 것이다.

이 부분은 중요한 것이기 때문에 《절요》와 《강목》에서는 모두 크게 줄이지 않고 싣고 있다.

연합전선에 참여하는 제와 유방의 서진

원문번역

2세 황제 3년(甲午, 기원전 207년)

1 겨울, 10월에 제의 장수 전도(田都)가 재상 전영(田榮)을 배반하고 초를 도와서 조를 구원하였다.
2 패공이 동군(東郡, 하남성 濮陽縣) 군위(郡尉)를 성무(成武, 산동성 成武縣)에서 공격하여 깨뜨렸다.

원문

三年

1 冬, 十月, 齊將田都畔田榮, 助楚救趙.
2 沛公攻破東郡尉於成武.

【강목|절요】*

---

* 【강목】 (강) 甲午三年 (목) 楚二 趙二 齊二 燕三 魏二 韓二年 【절요】 甲午三年

평설

 해가 바뀌어 진의 호해가 등장한 지 3년이 되자 국제적인 정세는 조금씩 바뀌고 있었다. 그동안 동쪽에 있는 제(齊)나라에서는 전(田)씨들 간의 내분으로 그 권력자 전영이 제후들의 전선에 공동으로 참여하기를 거절했었다. 하지만 전영에 반기를 든 전도가 이 제후들의 전선에 동참하기로 하고 초나라를 도와서 장한으로부터 공격을 받는 조나라를 구원하기로 한 것이다.

 그리고 다른 한편으로 진나라의 도읍 함양을 공격하라는 임무를 부여 받은 유방이 서쪽을 향하여 나아가서 진(秦)에 속한 동군(東郡)의 군대를 깨뜨렸다. 유방으로서는 값진 승리였다. 이러한 변화는 장한의 공격을 받아 위축되었던 제후들의 연합군이 재기하는 계기가 되었다.

 그런데 《절요》와 《강목》에서는 모두 해가 바뀐 것만 기록하였고, 나머지는 생략하고 있다. 다만 《강목》에서는 이 시기에 진 이외에 초, 조, 제, 연, 위, 한이 병존하고 있음을 [목]에 표시하고 있다. '甲午三年'을 [강]으로 표시하였기 때문에 진 시대이지만 다른 나라도 병존한다는 의미로 쓰고있는 것이다. 《절요》도 '甲午三年'이라고 기년하였기 때문에 아직은 진(秦)나라 시대임을 표시하고 있다.

대장군 송의와 차장 항우의 의견 충돌

원문번역

3 송의가 행군하여 안양(安陽, 산동성 曹縣)에 도착하였는데, 46일간 머무르며 나아가지 않았다. 항우가 말하였다.

"진이 조를 포위하여 급한데, 마땅히 빨리 군사를 이끌어 황하를 건너야 하고, 우리 초가 그 외곽을 치고 조는 안에서 호응하면 진군을 깨뜨리는 것이 분명합니다."

송의가 말하였다.

"그렇지 않소. 무릇 소에 붙어있는 등애를 쳐서 잡으면서는 이나 서캐를 깨뜨릴 수 없는 것이오. 이제 진이 조를 공격하여 싸워 이긴다면 군사들이 피로할 것이고 우리는 그들이 피폐한 틈을 타고, 이기지 못하면 우리는 군사를 이끌고 북을 치면서 서쪽으로 가면 반드시 진을 들어낼 것이오. 그러므로 먼저 진·조(趙)가 싸우게 하는 것만 못하오. 무릇 단단히 갑옷을 입고 날카로운 무기를 잡는 것에서는 나 송의가 공만은 못하지만, 앉아서 계획을 세우고 운영하는 것에서는 공이 나 송의만 못하오."

이어서 군중(軍中)에 명령을 내렸다.

"용맹하기가 호랑이 같고, 삐뚤어지기가 양 같으며, 욕심 많기가 이리 같아서, 강하여 부릴 수 없는 자는 모두 이를 참(斬)할 것이다."

원문

3 宋義行至安陽, 留四十六日不進. 項羽曰:"秦圍趙急, 宜疾引兵渡河; 楚擊其外, 趙應其內, 破秦軍必矣!"宋義曰:"不然. 夫搏牛之蝱, 不可以破蟣蝨. 今秦攻趙, 戰勝則兵疲, 我承其敝; 不勝, 則我引兵鼓行而西, 必擧秦矣. 故不如先鬪秦·趙. 夫被堅執銳, 義不如公; 坐運籌策, 公不如義."因下令軍中曰:"有猛如虎, 狠如羊, 貪如狼, 强不可使者, 皆斬之!"

【강목|절요】*

평설

진의 장군 장한의 기세는 남쪽으로 초를 치고 이미 북쪽으로 가서 조나라를 포위하는 상태였다. 초나라에서는 송의를 대장

---

* 【강목】 (강) 冬十一月 楚次將項籍 矯殺宋義而代之 大破秦軍 虜其將王離 (목)宋義至安陽, 留四十六日不進, 項羽曰; 秦圍趙急, 宜疾引兵渡河, 楚擊其外, 趙應其內, 破秦軍必矣. 宋義曰; 今秦攻趙, 戰勝則兵罷, 我乘其敝, 不勝則我皷行而西, 必擧秦矣. 因下令曰; 有猛如虎, 狠如羊, 貪如狼, 强不可使者, 皆斬之. 【절요】 冬, 十月, 宋義行至安陽, 留四十六日不進.

군으로 삼고 모든 군사를 다 지휘하게 하였다. 그런데 송의는 진과 조가 피터지게 싸우게 둔 다음에 진이 피로할 때에 치겠다는 생각을 갖는다.

그리하여 진과 조가 맞붙어 싸우기를 기다리며 46일간이나 진·조의 전선으로 가지 않았다. 이에 대하여 송의 아래 차장인 항우의 생각은 달랐다. 조를 포위하고 있는 진을 친다는 것은 진을 가운데 두고 초와 조가 안팎에서 공격하는 것이기 때문에 충분히 승리할 수 있다는 생각이었다.

두 사람의 전술 가운데 어느 것이 더 옳은 것인지는 알 수 없다. 모두 일리가 있는 방략이기 때문이다. 그러나 이러한 전략상 생각의 차이는 대장군 송의와 차장 항우의 충돌이며, 이 충돌이 표면화 된다면 중대한 문제가 발생할 수도 있다.

부하인 항우의 생각을 안 대장군 송의는 자기의 전략에 반대하는 항우를 견제하기 시작하였다. 그리하여 강하게 부릴 수 없는 사람은 참하겠다고 하였다.

이 말은 항우에게 자기 휘하에 들어오지 않고 고집을 부리면 목을 베겠다는 말이었다. 이러한 대장군 송의의 엄포에 그대로 순종할 것이냐? 아니면 더 반발할 것이냐는 항우가 결정할 문제였다. 그러한 점에서 이 사건은 항우의 운명을 가르는 중요한 사건이라 할 것이다.

그런데 《절요》에서는 다만 송의가 46일간 두류한 것만 서술하였으므로 이것이 어떤 문제를 야기했는지는 독자가 알기 어렵게 되어 있다. 더군다나 송의가 항우를 견제하여 목을 베겠다고까지 말한 부분이 없으니 후에 항우가 송의의 목을 베게 된 배경을 알 수 없게 하였다. 반면에 《강목》에서는 대부분 다 싣고 있다.

대장군 송의에게 반발한 항우

원문번역

마침내 그의 아들 송양(宋襄)을 파견하여 제의 재상이 되게 하고, 몸소 그를 호송하여 무염(無鹽, 산동성 東平縣)에 이르러서 술을 마시며 연회를 하였다. 날씨가 차고 큰비까지 내려서 사졸들은 얼고 주렸다. 항우가 말하였다.

"장차 힘을 합하여 진을 공격해야 하는데, 오래 머물면서 가지 않는구나. 금년에는 기근이 들어 백성들은 가난하며, 사졸들은 콩을 반 섞은 밥을 먹고, 군대에는 양식이 보이지 않는데도 마침내 술을 마시며 연회를 베푸는구나. 군사를 이끌고 황하를 건너고 조의 식량을 이용하면서 조와 힘을 합하여 진을 공격하지는 않고서 마침내 말하기를 '그들의 피폐한 틈을 타겠다.'라고 하는구나.

무릇 진의 강함으로 새로 만들어진 조를 공격하니 그 형세는 반드시 들어버릴 것이다. 조가 들리고 진이 강하게 되는데 무슨 피폐한 것을 타겠다는 것인가? 또 우리나라의 군사는 얼마 전에 깨져서 왕은 앉아 있어도 불안하여 경내를 청소하는 일은 오로지 장군에게 부촉하였으니 국가의 안위가 이 한 번의 거사에 달려 있다. 이제 사졸들을 아끼지 않고 그 사사로움을 주장하고 있으니 사직의 신하가 아니다."

원문

乃遣其子宋襄相齊, 身送之至無鹽, 飲酒高會. 天寒, 大雨, 士卒凍饑. 項羽曰: "將戮力而攻秦, 久留不行. 今歲饑民貧, 士卒食半菽, 軍無見糧, 乃飲酒高會. 不引兵渡河, 因趙食, 與趙幷力攻秦, 乃曰『承其敝』 夫以秦之强, 攻新造之趙, 其勢必舉. 趙舉秦强, 何敝之承 ! 且國兵新破, 王坐不安席, 掃境內而專屬於將軍, 國家安危, 在此一舉. 今不恤士卒而徇其私, 非社稷之臣也 ! "

【강목|절요】*

평설

조를 원조하여 진과 싸워야 하는 초의 대장군 송의는 자기의 전략적 견해에 따라서 여전히 두류(逗留)하고 전진하지 않았다.

---

*【강목】(목) 遣其子襄相齊, 送之無鹽, 飲酒高會, 天寒, 大雨, 士卒凍飢. 項羽曰; 今歲飢民貧, 卒食半菽, 而飲酒高會, 不引兵渡河, 因趙食, 幷力攻秦, 乃曰; 承其敝, 夫以秦之强, 攻新造之趙, 其勢必舉, 何敝之承. 且國兵新破, 王坐不安席, 掃境內而屬將軍, 國家安危, 在此一舉, 今不恤士卒而徇其私, 非社稷之臣也.【절요】羽曰:「國兵新破, 王坐不安席, 掃境內以屬將軍, 國家安危, 在此一舉, 今不恤士卒而徇其私, 非社稷之臣也.」

그뿐만 아니라 자기의 아들을 제(齊)나라에 보내 제나라 재상이 되게 했다. 송의가 제나라 사신에 의하여 초왕에게 추천되었다는 점을 고려한다면 충분히 송의를 의심할 만한 사건이다.

이때 항우는 자기의 직접 상관인 송의를 사직지신이 아니라고 비판했다. 이러한 상황은 대장군 송의와 차장인 항우의 충돌을 예고하는 것이다. 다른 한편으로는 초 세력과 제 세력의 대결이 시작된 것으로도 볼 수 있다.

그런데 《절요》에서는 앞 뒤 설명 없이 항우가 송의를 사직의 신하가 아니라고 말한 것만 써놓고 있을 뿐이다. 《강목》에서는 《자치통감》의 내용을 거의 다 싣고 있다.

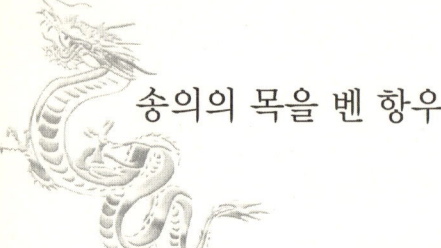

송의의 목을 벤 항우

원문번역

11월에 항우는 이른 아침에 상장군 송의의 조회에 참석하였다가 바로 그 장막에서 송의의 머리를 베었다. 군령(軍令)을 내려서 말하였다.

"송의는 제와 함께 우리 초를 모반하였으니, 초왕이 몰래 나 항적으로 하여금 그를 주살하라고 하였다."

이때 제장들이 모두 두려워서 복종하고 감히 겯가지 노릇을 하지 못하고 모두 말하였다.

"먼저 초를 세운 집안은 장군의 집안입니다. 이제 장군께서는 반란한 자를 주살하였습니다."

마침내 서로 함께 항우를 가(假, 임시)상장군으로 세웠다. 사람을 시켜서 송의의 아들을 쫓게 하여 제에 가서 그를 죽였다. 또 환초(桓楚)로 하여금 회왕에게 보고하게 하니 회왕이 이어서 항우를 상장군으로 삼았다.

원문

十一月, 項羽晨朝上將軍宋義, 卽其帳中斬宋義頭. 出令軍中曰: "宋義與齊謀反楚, 楚王陰令籍誅之!" 當是時, 諸將皆慴服, 莫敢枝梧, 皆曰: "首立楚者, 將軍家也; 今將軍誅亂." 乃相與共立羽爲假上將軍. 使人追宋義子, 及之齊, 殺之. 使桓楚報命於懷王. 懷王因使羽爲上將軍.

【강목|절요】*

평설

초의 대장군 송의가 항우에 의하여 죽는 내용이다. 송의와 항우의 의견이 갈라진 상황 속에서 항우가 먼저 기선을 제압하였다. 한편 생각해 보면 초가 약해지자 제(齊)의 견해를 받아 들였던 초 회왕의 조치가 원래 초의 세력인 항우에 의하여 바로잡혀진 것으로 해석할 수도 있다.

하여간 항우가 무력으로 송의를 죽였다. 이는 초 회왕의 명령에 의한 것은 아니었지만 결과적으로 초 회왕은 이를 수용할 수밖에 없었다. 그러한 점에서 항우는 일거에 송의를 제거했을 뿐만 아니라 초 회왕까지 그의 말을 듣게 만든 셈이었다.

항량이 죽은 것을 계기로 군사를 직접 챙기고 반진(反秦) 전선

---

* 【강목】 (목) 十一月 羽晨朝義 卽其帳中斬之 出令軍中曰 宋義與齊謀反王陰令籍誅之. 將莫敢枝梧, 共立羽爲假上將軍, 遣使報命於王, 王因以羽爲上將軍.【절요】 十一月, 項羽卽其帳中, 斬宋義.

의 중심에 서려 했던 초 회왕의 정치적 야심은 여지없이 무너졌다. 이러한 상황에서 항우는 당연히 상장군의 자리를 갖게 된다.

그런데 《절요》는 항우가 송의의 목을 벤 것만 기술하였을 뿐이어서 여전히 전체 흐름의 방향을 이해하기 어렵도록 많은 부분을 생략했다. 반면에 《강목》은 대체적으로 《자치통감》에서 전하고자 한 내용을 그대로 싣고 있다.

유방 세력의 확장

원문번역

4 12월에, 패공이 군사를 이끌고 율(栗, 하남성 夏邑縣)로 진격하여 강무후(剛武侯, 혹은 棘蒲剛 陳武)를 만나 그의 군사 4천여 명을 빼앗아서 이를 합병하고 위의 장수 황흔(皇欣)·무만(武滿)의 군사를 합쳐서 진의 군사를 공격하여 이를 깨뜨렸다.

5 옛 제(齊)왕인 전건(田建, 5대)의 손자 전안(田安)이 제수(濟水)의 북쪽까지 내려와서 항우를 좇아서 조를 구원하였다.

원문

4 十二月, 沛公引兵至栗, 遇剛武侯, 奪其軍四千餘人, 幷之 ; 與魏將皇欣·武滿軍合攻秦軍, 破之.

5 故齊王建孫安下濟北, 從項羽救趙.

【강목|절요】*

---

* 【강목】 내용없음 【절요】 내용없음

평설

　한편 진의 함양으로 진격하도록 임무를 받은 유방은 서쪽으로 전진하면서 그 군사를 늘려 나가고 있다. 유방은 원래 진의 함양을 공격하라는 명령을 받았지만 군대까지 받은 것은 아니기 때문에 초 회왕 휘하에 있던 장군인 강무후의 군사를 빼앗아 버린다. 그리고 이를 토대로 중원에 있는 위(魏)나라와 협력하여 진군(秦軍)을 격파하는 전과를 내었다. 유방의 세력이 커질 수 있는 가능성을 보인 사건이다.

　또한 가장 동쪽에 있는 제(齊)에서도 전안이 조를 치러 가는 항우의 군사와 협력하여 조를 구원하는 일에 동참한다. 이로써 초에서 승리하여 북쪽으로 조나라를 공격하던 진나라 군대가 제후들의 연합전선과 싸워야 하는 상황이 만들어 진다. 장한이 전략적으로 실패했기 때문이고, 진의 조정에서 제대로 뒷받침하지 못한 것이 원인이 되었다.

　이러한 상황은 겉으로 보이는 것은 크지 않은 것 같지만 실제로 전세를 역전시킬 수 있는 조건이 되는 것이다. 그런데《절요》와《강목》에서는 이를 모두 싣지 않고 있다. 그리하여 조 지역에서의 싸움에 대한 전체적인 이해를 하기에는 부족하다 할 것이다.

갈라지는 진여와 장이

원문번역

6 장한은 용도(甬道, 식량 운반로)를 쌓아서 황하까지 이르게 하고, 왕리(王離 ; 장한의 副將)에게 군량을 공급하였다. 왕리의 군사들은 먹을 것이 많게 되자 급히 거록(鉅鹿, 하북성 平鄕縣)을 공격하였다. 거록성 안에는 먹을 것이 다하고 군사도 적어서 장이는 자주 사람을 시켜서 진여에게 앞으로 나오도록 불렀다. 진여는 군사가 적어서 진에 대적할 수 없다고 헤아리고 감히 앞으로 가지 못하였다.

몇 달이 지나니 장이는 크게 노하여 진여를 원망하고는 장염(張黶)·진택(陳澤)으로 하여금 가서 진여를 책망하게 하였다.

"처음에 나와 공(公)은 문경(刎頸)의 교제를 하였는데, 이제 왕[王, 조헐]과 나 장이가 조석 간에 죽게 되었지만, 공은 군사 수만 명을 가지고 있으면서도 서로 도와 구원하려 하지 아니하니 어찌 함께 죽기로 하였단 말이오! 진실로 꼭 신의가 있다면 어찌하여 진군에게 나아가서 함께 죽지 않으며, 또한 열에 한둘이라도 있다면 서로 안전할 것이오."

진여가 말하였다.

"내가 헤아려 보니 나아간다고 하여도 끝내는 조를 구원할 수 없고, 헛되이 군사만 다 없앨 것이오. 또 나 진여가 함께 죽으려 하지 않는 이유는 조왕과 그대 장군(張君, 장이)을 위하여 진에게 보복하고자 함이오. 이제 반드시 함께 죽는다는 것은 마치 고기를 주린 호랑이에게 주는 것과 같은데 무슨 이로움이 있겠소?"

장염과 진택이 함께 죽기를 요구하였다. 진여는 마침내 장염과 진택으로 하여금 5천 명을 거느리고 먼저 진군을 맛보라고 시켰는데, 도착하여 모두 죽었다. 이때 제의 군사와 연의 군사가 모두 와서 조를 구원하는데, 장오(張敖, 장이의 아들)도 역시 북쪽으로 가서 대(代, 하북성 蔚縣)의 군사를 수습하여 1만여 명을 얻어 가지고 와서 모두 진여의 옆에 성을 쌓았지만 감히 진을 공격하지 못하였다.

원문

6 章邯築甬道屬河, 餉王離. 王離兵食多, 急攻鉅鹿. 鹿城中食盡·兵少, 張耳數使人召前陳餘. 陳餘度兵少, 不敵秦, 不敢前. 數月, 張耳大怒, 怨陳餘, 使張黶·陳澤往讓陳餘曰: "始吾與公爲刎頸交, 今王與耳旦暮且死, 而公擁兵數萬, 不肯相救, 安在其相爲死! 苟必信, 胡不赴秦軍俱死; 且有十一二相全." 陳餘曰: "吾度前終不能救趙, 徒盡亡軍. 且餘所以不俱死, 欲爲趙王·張君報秦. 今必俱死, 如以肉委餓虎, 何益!" 張黶·陳澤要以俱死. 餘乃使黶·澤將五千人先嘗秦軍, 至, 皆沒. 當是時, 齊師·燕師皆來救趙, 張敖亦北收代兵, 得萬餘人, 來, 皆壁餘旁, 未敢擊秦.

【강목|절요】*

평설

진으로부터 공격을 받고 있는 거록의 장이는 상황이 아주 나빴다. 장한이 거록을 포위하고 있는 왕리에게 계속하여 지원을 하고 있는 상황이어서 장이에게 위기는 하루하루 더 급하게 다가왔다.

함께 조나라를 세우고 죽을 때까지 친구가 되기로 약속했던 장이와 진여였지만 이 난국을 어떻게 뚫고 나갈 것이냐 하는 문제에서는 서로 의견이 갈라지고 있다. 직접 진으로부터 공격을 받고 있는 장이는 진여에게 자기를 도와 달라고 요청하였고, 진여는 지금 가 보아도 둘 다 패할 상황이니 조금 기다리라는 입장이었다.

결국 장이의 강권에 의하여 진여가 마지못해서 5천 명을 보냈으나 전멸하였다. 또 제나라와 연나라의 군사, 그리고 장이

---

*【강목】(목) 鉅鹿兵少食盡, 張耳數召陳餘, 餘不敢前, 耳又使張黶陳澤讓之, 要與俱死. 餘使二人將五千人, 先嘗秦軍, 皆沒. 齊師·燕師及耳子敖來救 亦未敢擊秦.【절요】내용없음

의 아들인 장오까지 거록에 갇힌 장이를 구하기 위하여 달려 왔지만 진나라의 군대를 감히 공격하지 못하였다. 그러한 점을 미루어 본다면 갇혀 있는 장이는 급한 나머지 진여에게 원군을 보내라고 강요하였지만 보내보아도 소득이 없다고 판단한 진여의 판단이 옳았다고도 할 수 있다.

그러나 장이 입장에서는 진여가 적극적으로 자기를 돕지 않는데 대하여 야속하게 생각하였을 것이고, 원조해 보았자 소득이 없을 것이라고 전세를 파악한 진여의 입장에서는 장의 요구가 무리한 것이라고 생각할 수밖에 없었을 것이다.

사람은 항상 자기 입장에서만 상황을 파악하고 대책을 세우기 때문이다. 그러나 이러한 판단의 차이, 상황 인식의 차이는 그렇게 친하였던 두 사람 사이를 갈라놓게 하는 이유가 되기에 충분하였다.

《절요》에서는 이 내용을 생략하였고, 《강목》에서는 《자치통감》의 5분의 2 정도의 분량으로 간략하게 설명하여 진의 장한이 거록을 포위하고 있는 왕리를 돕고 있다는 사실을 생략하고 있어서 전세 파악을 정확히 하기 어려운 점이 있다.

제후군을 지휘하게 된 항우

원문번역

항우가 이미 경자관군[송의]을 죽이고 나니 위세가 초나라를 뒤흔들어 놓았고, 마침내 당양군(當陽君)·포장군(蒲將軍)을 파견하여 군졸 2만 명을 거느리고 황하를 건너서 거록을 구원하게 하였다. 전투에서 조금 승리하게 되어 장한의 용도를 끊으니 왕리의 군사는 식량이 결핍되었다.

진여가 다시 군사를 청하였다. 항우는 마침내 군사를 모두 이끌고 황하를 건너고 배를 모두 침몰시키고 솥과 시루를 다 깨뜨리고 여사(廬舍, 廬幕 집)도 태워버리고, 3일치의 식량만 갖게 하여 사졸들에게 반드시 죽더라도 다시 돌아갈 마음이 하나도 없음을 보여주었다. 이에 도착하여 왕리를 포위하고 진군과 만나서 아홉 번을 싸워서 그들을 대파하니 장한이 군사를 이끌고 퇴각하였다.

제후의 군사가 마침내 감히 진군에게 진격하여 드디어 소각(蘇角)을 죽이고 왕리를 포로로 잡았는데, 섭한(涉閒)이 항복하지 않다가 스스로 불타서 죽었다. 이때 초의 군사는 제후들 가운데 으뜸이었고, 거록을 구원하러 온 군사들이 10여개 성에서 진을 치고 있었으나, 감히 군사를 멋대로 풀어놓지 아니하였다.

초의 군사가 진을 공격하게 되자 제후들의 장수들은 성벽 위에서 구경하였다. 초의 전사들은 한 명이 열 명을 당해내지 못하는 사람은 없었고, 부르짖는 소리는 천지를 흔들었으며, 제후들의 군사들은 사람마다 두려워하지 않는 사람이 없었다. 이에 이미 진의 군사를 깨뜨리고 항우는 제후들의 장수들을 불러 보자 제후들의 장수들이 원문(轅門, 군문)으로 들어오는데, 무릎으로 기어서 앞으로 나아가지 않는 사람이 없었고, 감히 올려다보는 사람도 없었다. 항우는 이로 말미암아서 비로소 제후들의 상장군이 되고 제후들은 모두 소속이 되었다.

원문

項羽已殺卿子冠軍, 威震楚國, 乃遣當陽君·蒲將軍將卒二萬渡河救鉅鹿. 戰少利, 絕章邯甬道, 王離軍乏食. 陳餘復請兵. 項羽乃悉引兵渡河, 皆沈船, 破釜·甑, 燒廬舍, 持三日糧, 以示士卒必死, 無一還心. 於是至則圍王離, 與秦軍遇, 九戰, 大破之; 章邯引兵卻. 諸侯兵乃敢進擊秦軍, 遂殺蘇角, 虜王離; 涉閒不降, 自燒殺. 當是時, 楚兵冠諸侯; 軍救鉅鹿者十餘壁, 莫敢縱兵. 及楚擊秦, 諸侯將從上壁觀. 楚戰士無不一當十, 呼聲動天地, 諸侯軍無不人人惴恐. 於是已破秦軍, 項羽召見諸侯將;諸侯將入轅門, 無不膝行 而前, 莫敢仰視. 項羽由是始爲諸侯上將軍, 諸侯皆屬焉.

【강목|절요】*

평설

항우가 진나라의 장한과의 대결에서 결정적으로 승리를 하고, 이어서 제후들 사이에서 확실히 우위를 점할 수 있게 한 사건이다.

항우는 막강한 진나라 장한의 군대를 대적하기 위하여 결사적으로 싸웠다. 이것은 전력의 승리라고 하기보다는 항우의 결전태도의 승리였다고 볼 수 있다. 물러 갈 곳에 없다는 것을 병사들에게 알림으로써 전투력을 극대화시킨 것이다.

이렇게 결사적으로 싸우는 모습을 다른 장수들은 구경만 했고 그들은 막강한 항우의 군대를 보며 자기도 모르는 사이에 항우에게 압도 되었다.

이러한 전투는 후에 한신이 조나라를 공격하면서 배수의 진

---

* 【강목】(목) 羽乃使蒲將軍將二萬人渡河, 絶秦餉道, 餘復請兵, 羽乃悉引兵渡河, 已渡, 皆沈船破甑燒廬舍, 持三日糧, 以示士卒必死, 無還心, 與秦軍遇九戰, 皆破之. 章邯引却, 遂虜王離, 時諸侯軍救鉅鹿者十餘壁, 莫敢縱兵, 及楚擊秦, 皆從壁上觀楚戰, 士無不一當十, 呼聲動天地, 觀者, 人人惴恐, 既破秦軍, 諸侯將入轅門, 膝行而前, 莫敢仰視羽. 由是, 始爲諸侯上將軍, 諸侯兵, 皆屬焉. 【절요】乃悉引兵渡河, 皆沈船, 破釜甑, 燒廬舍, 持三日粮, 以示士卒必死. 於是與秦軍遇, 九戰, 大破之, 虜王離. ○當是時, 楚兵冠諸侯. 於是始爲諸侯上將軍, 諸侯皆屬焉.

거록 포위의 해제와 장한의 투항(기원전 208년~기원전 207년)

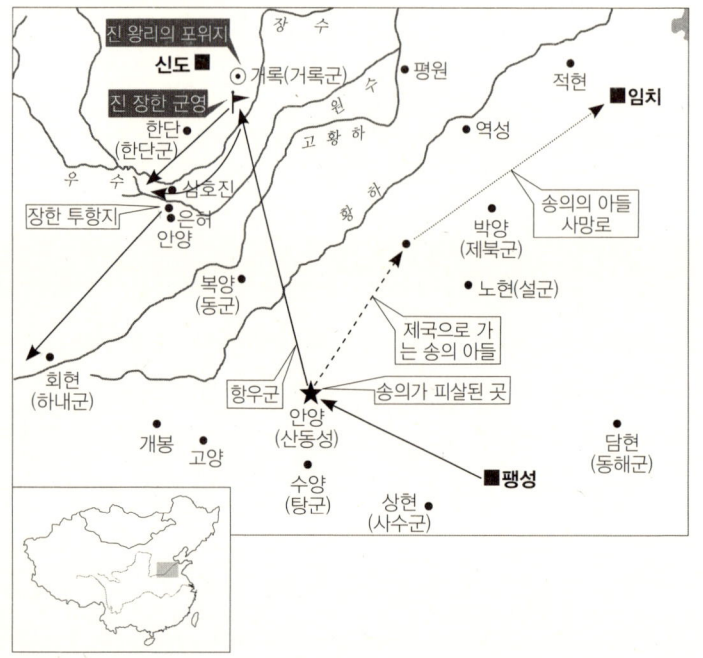

을 친 사례와 아주 흡사하다. 이러한 대승 덕분에 각지에서 일어났던 제후들의 군대를 아울러 지휘할 수 있는 자리를 항우가 차지 한 것이다.

이 사건은 《절요》와 《강목》에서 똑같이 기록하고 있으나, 《절요》가 훨씬 간략하게 기록하여 항우가 별안간 제후들의 군대를 지휘하게 되는 이유를 알 수 없게 하였다. 《강목》도 《자치통감》의 3분의 2 정도 분량으로 기록하고 있다.

홧김에 군권을 잃은 진여

원문번역

이에 조왕 조헐과 장이가 마침내 거록성을 벗어날 수 있어서 제후들에게 감사하였다. 장이가 진여와 만나서 진여에게 조를 구원하지 않았음을 책망하고, 장염과 진택이 있는 곳을 묻는데, 진여가 그들을 죽인 것으로 의심하고 자주 진여에게 물었다. 진여가 노하여 말하였다.
"그대가 신을 원망함이 깊은 줄은 생각하지 못하였소! 어찌 신이 장군에게 인수를 빼앗기는 것을 어렵게 여기겠소!"
마침내 인수를 벗어서 장이에게 밀어줄 뿐이니, 장이도 역시 놀라서 받지 않았다. 진여가 일어나서 변소에 갔다.
빈객 가운데 어떤 사람이 장이에게 유세하였다.
"신이 듣기로는 '하늘이 주는 것을 갖지 않는다면 도리어 그 허물을 받는다.'고 합니다. 이제 진 장군이 그대에게 인수를 주었는데도 그대는 이를 받지 않았으니, 하늘의 뜻에 반(反)하여 상서롭지 않을 것입니다. 빨리 이를 받으십시오."

장이는 마침내 그 인수를 차고서 그 휘하의 군사를 수습하였다. 그리하여 진여가 돌아와서는 장이가 양보하지 않은 것을 바라보고 드디어 빠르게 나가서 홀로 휘하에서 잘 알고 있던 수백 명과 더불어 황하의 못에 가서 물고기를 잡았다. 조왕 조헐은 신도(信都, 하북성 冀縣)로 돌아갔다.

원문

於是趙王歇及張耳乃得出鉅鹿城謝諸侯. 張耳與陳餘相見, 責讓陳餘以不肯救趙; 及問張黶·陳澤所在, 疑陳餘殺之, 數以問餘. 餘怒曰: "不意君之望臣深也! 豈以臣爲重去將印哉?" 乃脫解印綬, 推與張耳; 張耳亦愕不受. 陳餘起如廁. 客有說張耳曰: "臣聞『天與不取, 反受其咎』今陳將軍與君印. 君不受; 反天不祥. 急取之!" 張耳乃佩其印, 收其麾下. 而陳餘還, 亦望張耳不讓, 遂趨出, 獨與麾下所善數百人之河上澤中漁獵. 趙王歇還信都.

【강목|절요】*

평설

조나라를 세운 두 주인공 장이와 진여가 헤어지는 대목이다. 항우의 도움으로 조왕과 장이가 거록에서 위기를 벗어난 후 밖에

---

*【강목】(목) 趙王旣得出 張耳責讓陳餘 問黶·澤所在 疑餘殺之 餘怒解印綬予耳 耳不受餘 起如廁 客有說耳者 曰 天予不取 反受其咎 君急取之 耳乃佩其印綬 收其麾下 餘遂與數百人去之 河上澤中漁獵.【절요】내용없음

있던 진여와 안에 있던 장이가 만나고, 진군에게 공격을 받았을 때의 일 때문에 장이는 진여에게 야속한 마음을 가지고 있었다.

그리하여 진여를 만나자마자 장이는 불만을 털어 놓았지만 진여 역시 억울한 측면이 있었다. 장이를 도와주는 것이 결코 좋은 방도가 아니라고 생각하였지만 장이의 강요에 의하여 그가 보낸 두 장군에게 5천 명을 내어주었다. 당시 최선이었으며 물론 이들은 전멸하였다.

그러했음에도 불구하고 장이는 이들 두 사람을 진여가 죽인 것은 아닌지 의심까지 하였다. 억울한 진여는 화를 냈고 화가 난 김에 그렇다면 장군노릇을 하지 않겠다며 장군의 인수를 벗어 놓았다. 보통의 상황이라면 진여가 장군의 자리를 내 놓겠다는 것을 진심으로 받아들이지 않는다. 그러나 아직 질서가 잡히지 않은 상황에서 이 결기는 엄청난 결과를 가져 올 수 있었다.

아니나 다를까, 진여가 화장실에 간 사이에 장이는 곁에 있던 유세객들의 꼬드김에 넘어가 진여가 벗어놓고 간 장군의 인수를 차버렸다. 진여는 홧김에 장군의 자리를 빼앗기고 스스로 고기잡이로 전락하고 말았다. 문경의 교제를 하던 장이와 진여가 더이상 되돌릴 수 없이 서로를 원수로 생각하는 사이로 변한 것이다.

그러므로 이 사건은 인간관계와 환경변화의 관계를 가늠할 수 있는 것이어서, 인간관계사를 살펴보는 데 빼놓을 수 없는 경우이다. 하지만 《절요》에서는 이를 생략하였고 《강목》에서는 반 정도의 분량으로 이를 싣고 있을 뿐이다.

팽월의 기병

원문번역

봄, 2월에 패공이 북쪽으로 가서 창읍(昌邑, 산동성 금향현 서북쪽)을 치고 팽월(彭越)을 만났는데, 팽월이 그 군사를 가지고 패공을 좇았다. 팽월은 창읍 사람인데 늘 거야택(鉅野澤)에서 물고기를 잡다가 도적떼가 되었다.

진승과 항량이 일어나자 연못 근처에 있는 젊은이들이 서로 모여 백여 명이 되자 팽월에게 가서 그를 좇으며 말하였다.

"청컨대 팽중(彭仲, 팽월의 자)께서 우두머리가 되어주십시오."

팽월이 사양하면서 말하였다.

"신은 원치 않습니다."

젊은이들이 강하게 요청하자 마침내 이를 허락하고, 다같이 다음날 아침 해가 뜰 때 모이기로 기약하고, 기약한 시간 뒤에 나오는 자는 참(斬)하기로 하였다.

다음날 아침 해가 떴는데 10여 명이 뒤에 나왔고 뒤에 온 사람 가운데 해가 중천(中天)에 있을 때 나온 사람도 있었다. 이에 팽월이 사과하면서 말하였다.

"신은 늙었는데 여러분이 억지로 나를 우두머리로 삼았소. 지금 기약하였으나, 많은 사람이 뒤에 나왔으니 다 주살할 수는 없고, 가장 늦게 온 한 사람만 주살하겠소."

교(校, 군사의 단위)의 우두머리에게 그를 참하게 하였다.

모두 웃으면서 말하였다.

"어찌 이러한 지경에까지 이르러야 하겠습니까? 청컨대 뒤에는 감히 아니하겠습니다."

이에 팽월이 한 사람을 끌어내어 그를 참하고 단(壇)을 만들고 제사를 지내고 무리들을 그에게 소속시키니 모두 놀라서 감히 올려다보지를 못하였다. 마침내 땅을 경략하고 제후들의 흩어진 졸병을 거두어 1천여 명을 만들었고, 드디어 패공을 도와서 창읍을 공격하였다.

원문

春, 二月, 沛公北擊昌邑, 遇彭越; 彭越以其兵從沛公. 越, 昌邑人, 常漁鉅野澤中, 爲羣盜. 陳勝·項梁之起, 澤間少年相聚百餘人, 往從彭越曰: "請仲爲長." 越謝曰: "臣不願也." 少年强請, 乃許; 與期旦日日出會, 後期者斬. 旦日日出, 十餘人後, 後者至日中. 於是越謝曰: "臣老, 諸君强以爲長. 今期而多後, 不可盡誅, 誅最後者一人." 令校長斬之. 皆笑曰: "何至於是! 請後不敢." 於是越引一人斬之, 設壇祭, 令徒屬, 皆大驚, 莫敢仰視. 乃略地, 收諸侯散卒, 得千餘人, 遂助沛公攻昌邑.

【강목|절요】*

평설

　진의 도읍 함양을 공격하는 임무를 맡은 유방은 한양으로 가는 도중에 창읍을 지나면서 우군이 되는 팽월을 만나게 된다. 이 이야기는 팽월이 유방을 만나기 전에 기병하는 상황을 기록한 것이다.

　창읍에서 군사를 가지고 진에 반대하고 있던 팽월이 유방에 합류하였다. 《자치통감》에서는 팽월이 유방과 만나기 전의 일을 기록하여 팽월이 지휘관으로서 우수하였음을 기록하였으니, 팽월이 유방에 합류하였다는 것은 유방에게 큰 힘이 될 수 있는 것이었다. 그러한 점에서 유방은 운이 좋았다고 할 수 있다.

　처음에 유방에게 함양 공격을 맡겼을 때 유방이 '어른스럽다'는 것을 이유로 꼽았고, 그러한 포용력과 친화력, 그리고 정치력 때문에 이러한 불로소득이 생긴 것이라면 유방은 아주 큰 장점을 가진 것임에 틀림없다.

---

*【강목】(강) 春. 二月. 沛公擊昌邑, 彭越以兵從. (목) 越昌邑人, 常漁鉅野澤中, 爲羣盜. 楚兵起, 澤間少年相聚百餘人, 請越爲長. 越謝曰; 臣不願也. 强請乃許之. 與期旦日日出會, 後期者斬. 至期多後 或至日中, 於是 越謝曰; 臣老, 諸君强以爲長, 今期多後 不可盡誅 誅最後者一人. 皆笑曰; 何至是. 請後不敢 越竟斬之. 徒屬皆驚, 莫敢仰視 乃畧地, 收散卒得千餘人, 至是 以其兵歸沛公.【절요】○春. 二月, 沛公北擊昌邑, 過彭越, 越以其兵從沛公. 沛公拜越爲魏相, 使將兵略定魏地.

《절요》에서는 아주 간단히 내용을 기록하였지만 유방이 팽월을 위(魏)의 재상으로 삼았다는 기록을 남겼다는 것이 특이하다. 그러나 이 사실은 한참 후에 일어난 일인데 《절요》에서 여기에 미리 써놓은 것이다. 《강목》에서는 모든 상황까지 거의 다 기록하고 있다.

유방을 만나고자 한 역이기

원문번역

창읍이 아직 떨어지지 않았는데, 패공이 군사를 이끌고 서쪽으로 가서 고양(高陽, 하남성 기현 서남쪽)을 지나갔다. 고양 사람 역이기(酈食其)가 집안이 가난하여 뜻을 얻지 못하고 낙담하여 이감문(里監門)이 되어 있었다.

패공 휘하의 기사(騎士)가 역이기가 있는 동네 사람이 있는 곳에 갔는데, 역이기가 보고 말하였다.

"제후들의 장군으로 고양을 지나간 사람이 수십 명인데, 내가 그들의 장수에 대하여 물었더니 모두 악착(齷齪, 급히 재촉함)하고, 자질구레한 예절을 좋아하고 스스로를 쓰임새 있다고 하며 도량 큰 이야기를 들을 수 없었습니다.

내가 듣건대, 패공은 오만하고 다른 사람을 쉽게 여기지만 큰 지략이 많다고 하니 이는 진정으로 내가 좇기를 원하였던 바였지만, 나를 위하여 먼저 소개해준 사람이 없었습니다. 그대가 패공을 만나거든 '신은 마을에 사는 역생(酈生, 역이기)이란 사람인데, 나이는 60여 세이고 키는 8척이며 사람들이 모두 미친 사람이라고 합니다. 하지만 나 스스로는 내가 미친 사람이 아니다.'라고 하였습니다."

기사(騎士)가 말하였다.

"패공은 유가(儒家)를 좋아하지 않아서 여러 빈객 가운데 유관(儒冠)을 쓴 사람이 오면 패공은 번번이 그 관(冠)을 벗겨 그 속에 오줌을 누고 사람들과 말할 때 항상 크게 욕을 하니, 아직 유생을 이야기할 수 없습니다."

역생은 말하였다.

"다만 말만 좀 해주시오."

기사는 조용하게 말하며 역생이 가르친 것 같이 하였다.

원문

昌邑未下, 沛公引兵西過高陽. 高陽人酈食其, 家貧落魄, 爲里監門. 沛公麾下騎士適食其里中人, 食其見, 謂曰:"諸侯將過高陽者數十人, 吾問其將皆握齱, 好苛禮, 自用, 不能聽大度之言. 吾聞沛公慢而易人, 多大略, 此眞吾所願從游, 莫爲我先. 若見沛公, 謂曰:『臣里中有酈生, 年六十餘, 長八尺, 人皆謂之狂生. 生自謂"我非狂生."騎士曰:"沛公不好儒, 諸客冠儒冠來者, 沛公輒解其冠, 溲溺其中, 與人言, 常大罵; 未可以儒生說也."酈生曰:"第言之."騎士從容言, 如酈生所誡者.

【강목|절요】*

평론

　유방이 창읍을 지나서 다시 고양으로 갔을 때에 이 지역에 사는 기인 역이기가 유방의 휘하에 들어가고자 하는 내용이다. 역이기는 진말의 혼란 속에서 자기의 계책을 받아들여서 큰 정책으로 쓸 수 있는 사람을 찾고 있었는데, 유방이 바로 그러한 사람이라고 생각하고 그와 직접 만나기를 청한 것이다.

　그 중간에 있는 사람은 유방의 마부였다. 《강목》에서는 그 마부가 역이기와 한 동네 사람인 것으로 표현하고 있다. 하지만 《자치통감》에서는 유방의 마부가 역이기를 만난 것으로 되어 있다.

　원래 유방의 휘하에 있는 기사가 고양을 점거하고 나서 시찰을 나갔거나 상황을 파악하려고 역이기가 사는 마을을 들렀던 것이다. 그래서 역이기가 적극적으로 유방의 기사에게 가서 유방을 만나게 해달라고 부탁했다.

　그런데 《강목》에서는 '其里人有爲沛公騎士者'라고 하여 마

＊【강목】(강) 沛公使酈食其說陳留下之 (목) 沛公過高陽, 高陽人酈食其, 家貧落魄 爲里監門, 其里人有爲沛公騎士者, 食其謂曰; 諸侯將過此者, 吾問之, 皆握齪, 自用, 不能聽大度之言. 今聞沛公慢而易人 多大畧 此眞吾所願從遊, 若見沛公 謂曰; 臣里中有酈生, 年六十餘, 長八尺, 人皆謂之狂生, 生自謂非狂. 騎士曰; 公不好儒, 客冠儒冠來者, 輒解而溺其中, 與人言常大罵, 未可以儒生說也. 酈生曰; 第言之. 騎士從容言之. 【절요】○沛公引兵西, 過高陽, 高陽人酈食其, 爲里監門. 沛公麾下 騎士適食其里中人, 食其見, 謂曰:「吾聞沛公慢而易人, 多大略, 此眞吾所願從遊.」騎士曰:「沛公不好儒, 諸客冠儒冠來者, 沛公輒解其冠, 溲溺其中, 未可以儒生說也.」酈生曰:「第言之.」騎士從容言.

부가 그 마을 사람임을 분명히 하였다. 《강목》의 편자가 잘못 이해한 것이다.

이 사건을 통하여 당시 사람들에게 알려진 유방의 특징을 짐작할 수 있다. 앞에서 팽월이 유방을 따르게 되고 여기서는 역이기가 유방에게 관심을 가지는 것으로 보아 유방이 보통 사람과는 다르다는 것을 알 수 있다.

특히 유방 휘하에 있던 기사가 유방이 유자(儒者)를 싫어한다는 말을 하였음에도 역이기는 일단 만나게 해달라고 부탁하는데 이 부분이 역이기의 특별함을 알 수 있는 대목이다. 이 내용은 《절요》나 《강목》에서 모두 비교적 많이 생략하지 않고 싣고 있다.

역이기를 통해 진류를 얻는 유방

원문번역

패공이 고양의 전사(傳舍, 잠시 쉬는 집)에 이르러 사람을 시켜서 역생을 불렀다. 역생이 도착하여 알자(謁刺, 명함)을 들여보냈다. 패공이 바야흐로 걸터앉아서 두 명의 여자로 하여금 발을 씻게 하면서 역생을 만났다. 역생이 들어가서 길게 읍(揖)하고 절을 하지 않고 말하였다.

"족하(足下)께서는 진을 도와서 제후들을 공격하려고 하십니까? 또 제후들을 인솔하여 진을 깨뜨리려고 하십니까?"

패공이 욕하면서 말하였다.

"유생(儒生) 놈아! 천하가 다 함께 진의 고통을 받고 있게 된 것이 오래 되었으니, 그러므로 제후들은 서로 이끌어가며 진을 공격하고 있는데, 어찌 진을 도와서 제후들을 공격하느냐고 말하느냐?"

역생이 말하였다.

"반드시 무리를 모으고 의병을 합하여 무도한 진을 주살하자면 의당 장자(長者, 나이 많은 어른)에게 거만해 보여서는 안 되지!"
이에 패공이 발 닦는 것을 물리고 일어나서 옷깃을 여미고 역생을 이끌어 올라와 앉게 하고 사과하였다. 역생이 이를 통하여 6국이 합종하고 연횡할 당시의 이야기를 하였다. 패공이 기뻐하여 역생에게 먹을 것을 내리고 물었다.
"계획은 장차 어떻게 내야 할까요?"
역생이 말하였다.
"족하가 규합한 무리를 가지고 일어나서 흩어진 병사를 수습하였으나 1만 명을 채우지 못하지만 강한 진에게 지름길로 들어가고자 한다면 이는 이른바 호구(虎口)를 찾는 것입니다. 무릇 진류(陳留, 하남성 陳留縣)라는 곳은 천하의 요충지이고 사통오달(四通五達)한 들판인데, 이제 그 성 안에는 또한 많은 곡식이 쌓여 있습니다. 신은 그 현령[진류 현령]을 잘 아는데, 청컨대 사신으로 가게 하여 족하 아래에 있도록 하게 해주시는데, 곧바로 듣지 않으면 족하께서 군사를 이끌고 이를 공격하면 신이 안에서 이에 호응하겠습니다."
이에 역생을 파견하여 가게하고 패공이 군사를 이끌고 그를 좇아가서 드디어 진류를 떨어뜨리고 역이기를 광야군(廣野君)이라고 불렀다. 역생이 그의 동생 역상(酈商)에 관해 말하였다. 그때 역상은 젊은 사람 4천 명을 모아 가지고 있었는데, 와서 패공에게 위촉시키니 패공은 장수로 삼고 진류의 군사를 거느리고 좇게 하였다. 역생이 항상 세객(說客)이 되어 제후들을 부렸다.

원문

沛公至高陽傳舍, 使人召酈生. 酈生至, 入謁. 沛公方倨牀, 使兩女子洗足而見酈生. 酈生入, 則長揖不拜, 曰:"足下欲助秦攻諸侯乎, 且欲率諸侯破秦也?"沛公罵曰:"豎儒! 天下同共苦秦久矣, 故諸侯相率而攻秦, 何謂助秦攻諸侯乎!"酈生曰:"必聚徒·合義兵誅無道秦, 不宜倨見長者!"於是沛公輟洗, 起, 攝衣, 延酈生上坐, 謝之. 酈生因言六國從橫時. 沛公喜, 賜酈生食, 問曰:"計將安出?"酈生曰:"足下起糾合之衆, 收散亂之兵, 不滿萬人; 欲以徑入強秦, 此所謂探虎口者也. 夫陳留, 天下之衝, 四通五達之郊也; 今其城中又多積粟. 臣善其令, 請得使之令下足下; 即不聽, 足下引兵攻之, 臣爲內應."於是遣酈生行, 沛公引兵隨之, 遂下陳留; 號酈食其爲廣野君. 酈生言其弟商. 時商聚少年得四千人, 來屬沛公, 沛公以爲將, 將陳留兵以從. 酈生常爲說客, 使諸侯.

【강목|절요】*

---

*【강목】(목) 沛公至傳舍 則使人召酈生 生至入謁. 沛公方踞牀, 使兩女子洗足, 而見生, 生長揖不拜曰: 足下欲助秦攻諸侯乎, 且欲率諸侯破秦也, 沛公罵曰: 豎儒, 天下同苦秦久矣, 故諸侯相率而攻秦何謂助秦攻諸侯乎. 生曰; 必聚徒合義兵 誅無道秦, 不宜踞見長者. 公乃輟洗而起, 延上坐, 問計. 生曰; 足下兵不滿萬, 欲以徑入強秦, 此所謂探虎口者也. 夫陳留天下之衝, 又多積粟, 臣善其令, 請得使之令下, 於是遣生行, 而引兵隨之, 遂下陳留, 號生爲廣野君. 說客, 使諸侯. 其弟商亦聚衆四千人來, 屬沛公. 【절요】至高陽傳舍, 使人召酈生. 酈生至, 入謁. 沛公方倨牀, 使兩女子洗足而見酈生. 生長揖不拜曰:「足下必欲誅無道秦, 不宜倨見長者!」於是沛公輟洗, 起, 攝衣, 延上坐, 謝之. 酈生因言六國從橫時, 沛公喜, 問曰:「計將安出?」酈生曰:「足下起糾合之衆, 收散亂之兵, 不滿萬人; 欲以徑入彊秦, 此所謂探虎口者也. 夫陳留, 天下之衝, 四通五達之郊也; 今其城中又多積粟. 臣善其令, 請得使之令下足下; 卽不聽, 足下擧兵攻之, 臣爲內應.」於是遣酈生行, 沛公引

평설

　이 대목은 유방이 그에게 온 역이기를 통하여 진의 함양을 차지할 방략을 얻는 내용을 적은 것이다. 유방이 가지고 있는 군사력이나 전략은 함양을 공격하기에는 역부족인 상태였다. 유방은 함양을 공격하여 점령하라는 책무를 맡았지만 어떻게 할 바를 알지 못하고 있었다.
　이때에 책략가인 역이기가 전체 판세를 가지고 유방이 해야 될 대책을 건의한다. 그는 '진류는 초 지역에서 진의 함양으로 가는 중요한 길목으로, 마치 바둑에서 호구와 같은 곳이기 때문에 이곳을 점령하는 것이 필요하다.'라고 하였다. 이처럼 전략적으로 중요한 지역이어서 후에도 이 지역을 둘러싸고 진퇴가 바뀌고 있다.
　역이기는 이러한 지점을 유방에게 일깨워 주었고, 또 진류를 유방의 세력권 안으로 들어오게 하는 성과까지 거두었다. 그리고 역이기의 동생이 4천의 군사를 가지고 유방을 따르게 한 것도 유방에게는 엄청남 전력의 증강이었다. 그러한 점에서 유방에게 역이기 같은 책략가가 스스로 온 것은 대단한 행운이었다.
　역이기를 유방이 얻는 대목은 중요하기 때문에 《절요》와 《강목》에서는 거의 생략을 하지 않고 이를 모두 다 싣고 있다.

兵隨之, 遂下陳留 ; 號酈食其爲廣野君. 酈生常爲說客, 使諸侯.

중원지역으로 진출하는 유방

원문번역

7 3월에, 패공이 개봉(開封, 하남성 개봉시 서남)을 공격하였으나 아직 뽑지 못하고, 서쪽으로 가서 진의 장수 양웅(楊熊)과 백마(白馬, 하남성 滑縣 경계 지역)에서 만나 전투하였고, 또 곡우(曲遇, 하남성 中牟縣)의 동쪽에서 싸워 그를 대파하였다. 양웅은 도망하여 형양(滎陽, 하남성 형양시)으로 갔는데, 2세 황제는 사자를 시켜서 그를 참하여 조리를 돌리게 하였다.

원문

7 三月, 沛公攻開封, 未拔; 西與秦將楊熊會戰白馬, 又戰曲遇東, 大破之. 楊熊走之滎陽, 二世使使者斬之以徇.

【강목|절요】*

---

* 【강목】 내용없음 【절요】 내용없음

평설

 유방이 역이기를 얻고 진류를 자기 세력 하에 두게 된 것이 2월이다. 그 후 유방은 다시 서쪽으로 더 나아가서 개봉까지 이르고 있다. 여기에서 진의 장군 양웅과 만나서 싸우게 되는데 유방이 대승한다.
 이러한 유방의 전과는 바로 진나라 조정에 영향을 주어서 진 조정에서는 패장인 양웅을 참수하여 조리를 돌리게 하였다. 진나라가 엄형주의를 가지고 군대를 지휘하려고 하는 태도를 계속 견지하고 있음을 보여 준 것이다. 그러나 그러한 엄형주의는 진에 대한 충성심을 기르기 보다는 잘못하면 죽을지 모른다는 공포심을 줄 수 있다.
 이러한 공포심은 오히려 반대로 진나라 장군들이 방향을 바꾸어 창부리를 진으로 돌리게 되는 결과를 낳을 수도 있기 때문이다. 그러한 점에서 전쟁을 지휘하는 진나라 조정에 전략적 지휘자가 없다는 것과 황제가 권위주의로 문제를 해결하려는 태도를 지니고 있다는 것을 알 수 있다. 진이 실패할 수밖에 없다는 것을 간접적으로 설명해 주는 것이다.
 그런데 《절요》와 《강목》에서는 이 내용을 전부 생략하고 있다. 그리하여 진이 이후에 실패하게 되는 이유를 분명하게 알 수가 없게 되어 있다.

낙양까지 진출했다 후퇴한 유방

원문번역

여름, 4월에 패공이 남쪽으로 가서 영천(穎川, 하남성 禹縣)을 공격하여 그곳을 도륙(屠戮)하였다. 이어서 장량(張良)이 드디어 한 지역을 경략하였다. 이때 조의 별장 사마앙(司馬卬)이 바야흐로 황하를 건너서 관[函谷關]으로 들어가려고 하자 패공이 마침내 북쪽으로 가서 평음(平陰, 하남성 孟津縣)을 공격하고 하진(河津, 황하의 나루)의 남쪽을 끊고 낙양의 동쪽에서 싸웠다. 군대는 승리하지 못하여 남쪽으로 가서 환원(轘轅, 하남성 偃師縣 서남쪽)을 빠져 나오니 장량이 군사를 이끌고 패공을 좇았고 패공이 한왕 한성(韓成)에게 명하여 양적(陽翟, 韓의 옛 도읍지, 하남성 禹縣)에 머물면서 지키게 하고는 장량과 함께 남쪽으로 갔다.

원문

夏, 四月, 沛公南攻穎川, 屠之. 因張良, 遂略韓地. 時趙別將司馬卬方欲渡河入關, 沛公乃北攻平陰, 絶河津南, 戰洛陽東. 軍不利,南出轘轅, 張良引兵從沛公 ; 沛公令韓王成留守陽翟, 與良俱南.

【강목|절요】*

평론

4월이 되었을 때의 상황이다. 유방은 여전히 함양을 향하여 군사를 진격시키려고 하였다. 이때 장량이 중원지역인 한(韓) 지역을 경략하고 있었고, 또 조의 사마앙이 함곡관으로 다가서고 있었던 덕분에 유방은 낙양의 동쪽까지 진출할 수 있었다.

그러나 유방의 군대는 여기에서 승리하지 못하고 남쪽으로 내려 올 수밖에 없었다. 그래도 우군인 한(韓) 지역이 유지되고 있었기 때문에 다시금 전열을 가다듬을 수 있었다. 진의 함양으로 진격한다는 것은 그렇게 쉬운 일이 아니었다.

《절요》에서는 4월에 일어난 일을 기록하면서 실제로 6월에 벌어진 일까지 기록하였던 부정확함을 보였고, 《강목》에서는 [강]에 4월과 7월의 사건을 기록하여 6월에 벌어진 일을 생략한 듯한 감을 주고 있다.

이 시기는 바야흐로 중요한 전쟁시기인데, 6월에 일어난 일을 정확히 기록하지 못한 문제를 가지고 있다.

---

* 【강목】(강) 夏, 四月, 沛公攻潁川 略南陽. 秋, 七月南陽守齮降 (목) 四月, 公攻潁川, 張良略韓地. 趙將司馬卬欲渡河入關, 公乃攻平陰, 絶河津南, 出轘轅. 【절요】○夏, 四月, 沛公南攻潁川, 屠之. 因張良, 遂略韓地. 良引兵從沛公.

남양을 접수한 유방

원문번역

6월에 패공이 남양(南陽, 하남성 南陽市) 군수 기(齮)와 주(犫, 하남성 魯山縣 경계 지역)의 동쪽에서 싸워서 이를 깨뜨리고 남양군을 경략하였는데, 남양 군수가 달아나서 성을 지키려고 하여 완(宛, 남양군의 치소)을 지켰다. 패공이 군사를 이끌고 완성을 지나서 서쪽으로 가려고 하니, 장량이 간하였다.

"패공께서는 비록 관[函谷關]에 급히 들어가고 싶겠지만 진의 군사는 아직도 많고, 요새에서 저항하고 있는데, 이제 완성을 떨어뜨리지 않으면 완성은 뒤에서 치고 강한 진이 앞에 있을 것이니 이것은 위험한 길입니다."

이에 패공은 마침내 밤에 군사를 이끌고 다른 길로 돌아와서 기치를 숨기고 아직 먼동이 트지 않았을 때 완성을 세 겹으로 포위하였다. 남양 군수는 자살하려 하자, 그의 사인(舍人, 집안 심부름꾼) 진회(陳恢)가 말하였다.

"죽는 것은 아직 늦지 않았습니다."

마침내 성을 넘어가서 패공을 보고 말하였다.
"신이 듣건대, 족하께서 먼저 함양에 들어가는 사람이 그곳의 왕 노릇하기로 약속하였다고 합니다. 이제 족하께서 완에 머물면서 지키고 있는데 완은 남양 군현에 이어진 성(城) 수십 개이고 그 관리들과 백성들도 스스로 항복하면 꼭 죽는 것으로 여기고 있으니, 그러므로 모두 굳게 지키면서 성에 올라가 있습니다.

이제 족하가 하루 종일하다 공격을 중지하면 병사로 사상자가 반드시 많을 것이고, 군사를 이끌고 완을 떠나면 완에서 반드시 족하의 뒤를 쫓을 것입니다. 족하가 앞으로 간다면 함양의 약속을 잃게 되고, 뒤로는 강력한 완의 걱정거리가 있습니다. 족하를 위하여 계책을 세운다면, 만약에 항복한다면 그를 그대로 군수로 책봉한다고 약속하는 것 만한 것이 없는데, 이어서 성 지키기를 중지하게 하고, 그들의 갑졸들을 이끌고 이들과 함께 서쪽으로 가십시오. 여러 성(城) 가운데, 아직 떨어지지 않은 것은 소문을 듣고 다투어 성문을 열고 족하를 기다릴 것이니, 족하가 통행하는데 누가 될 것이 없을 것입니다."
패공이 말하였다,
"훌륭하오."
7월에, 남양 군수 기(齮)가 항복하자 그를 은후(殷侯)에 책봉하고 진회(陳恢)를 천호(千戶)에 책봉하였다.
군사를 이끌어 서쪽으로 가는데 떨어지지 않은 것이 없었다.

단수(丹水, 하남성 淅川縣 경계 지역)에 이르니 고무후(高武侯) 새(鰓)와 양후(襄侯) 왕릉(王陵)이 항복하였다. 돌아와 호양(胡陽, 하남성 唐河縣)을 공격하다가 파군(番君)의 별장 매현(梅鋗)을 만나서 함께 석(析, 하남성 內鄕縣 서북쪽)과 역(酈, 하남성 內鄕縣 동북쪽)을 공격하였는데 모두 항복하였다. 지나가는 곳에서 노략(鹵掠)질하지 않자 진의 백성들이 모두 기뻐하였다.

원문

六月, 與南陽守齮戰犨東, 破之, 略南陽郡 ; 南陽守走保城, 守宛. 沛公引兵過宛, 西 ; 張良諫曰:"沛公雖欲急入關, 秦兵尙衆, 距險 ; 今不下宛, 宛從後擊, 強秦在前, 此危道也!" 於是沛公乃夜引軍從他道還, 偃旗幟, 遲明, 圍宛城三匝. 南陽守欲自剄, 其舍人陳恢曰:"死未晚也." 乃逾城見沛公曰:"臣聞足下約先入咸陽者王之. 今足下留守宛, 宛郡縣連城數十, 其吏民自以爲降必死, 故皆堅守乘城. 今足下盡日止攻, 士死傷者必多 ; 引兵去宛, 宛必隨足下後. 足下前則失咸陽之約, 後有強宛之患. 爲足下計, 莫若約降封其守 ; 因使止守, 引其甲卒與之西. 諸城未下者, 聞聲爭開門而待足下, 足下通行無所累." 沛公曰:"善!" 秋, 七月, 南陽守齮降, 封爲殷侯 ; 封陳恢千戶.

引兵西, 無不下者. 至丹水, 高武侯鰓·襄侯王陵降. 還攻胡陽, 遇番君別將梅鋗, 與偕攻析·酈, 皆降. 所過亡得鹵掠, 秦民皆喜.

【강목|절요】*

평설

 유방이 함양성을 향해 가는 길에 남양이 있었다. 유방의 군대가 강하여 남양에서 승리하였지만 남양 군수는 달아나서 남양군의 치소인 완에 머물면서 완을 지키고 있었다.

 유방은 남양 군수가 도망한 세력이기 때문에 무시하고 그냥 지나치려고 하였지만 장량은 그렇게 되면 앞뒤로 적을 맞게 되는 어려움이 있을 것이라고 경고한다. 중원지역인 한의 승상으로 있는 장량이 유방을 도운 것이다. 이로써 모사 장량은 유방은 중요 참모가 되었다. 이 말을 들은 유방은 다시 완을 포위하였지만 쉽게 전투를 끝낼 수 없었다.

 이때 남양 군수의 사인인 진회가 항복할 테니 남양 군수를 계속할 수 있게 해달라는 타협안을 가지고 왔다. 유방은 이 제안을 수용하고 남양 군수를 받아들인다. 이 교섭은 유방이 함양으로 나아가는데 대단히 중요한 사건으로 유방의 정치력이 돋보이는 대목이다.

 이러한 교섭이 잘 진행되어서 7월에 드디어 남양 군수가 항복하였다. 유방은 계속하여 서진할 수 있었고, 진의 관직을 가지고 있는 사람들도 거의 저항 없이 항복하여 그 이후로는 가

---

* 【강목】 (목) 六月, 屠南陽郡守齮戰敗, 走保宛, 沛公引兵過之. 張良曰; 今不下宛 宛從後擊 强秦在前 此危道也. 公乃夜從他道還 圍宛. 七月, 齮降, 封殷侯 引兵而西 無不下者. 所過亡得鹵掠 秦民皆喜. 【절요】 略南陽郡, 南陽守齮降, 引兵西, 無不下者.

는 곳마다 떨어뜨릴 수가 있었다. 물론 이렇게 된 데에는 유방이 지휘하는 군대가 백성들에게서 노략질을 하지 않았다는 점이 중요한 이유가 되었을 것이다.

그런데 《절요》에서는 이를 너무 간략하게 처리하였고, 또 6월의 중요한 교섭에 관하여서는 한 줄도 기록하지 않았다. 마치 유방의 군대가 서진하면서 아무런 어려움이 없었던 듯하게 쓴 것이다. 《강목》에서도 남양 군수와 거래한 부분이 빠져 있어서 유방이 남양을 함락시키는데 중요한 요소를 이해할 수가 없게 하였다.

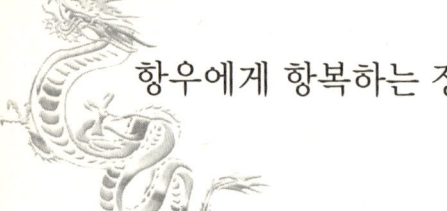
항우에게 항복하는 장한

원문번역

8 왕리(王離)의 군사가 몰락해버리자, 장한이 극원(棘原, 하북성 平鄕縣 남쪽)에 진을 쳤는데, 항우가 장수(漳水)의 남쪽에 진을 치고서 서로 버티면서 아직 싸우지는 않았다. 진군이 자주 퇴각하자 2세 황제는 사람을 시켜서 장한을 책망하였다. 장한이 두려워서 장사(長史) 사마흔(司馬欣)을 시켜 사건을 말해달라고 청하여 그가 함양에 이르러 사마문(司馬門, 호위병들이 있는 궁궐문)에서 3일간을 머물러 있었지만 조고가 접견을 하지 않자, 믿지 못하는 마음이 생겼다. 장사 사마흔이 두려워 돌아서서 그의 군대로 도망하였는데, 감히 전에 왔던 길로 가지 못하였다. 조고가 과연 사람을 시켜서 그를 쫓았으나 따라잡지 못하였다. 사마흔이 군대에 이르러서 보고하여 말하였다.

"조고가 금중에서 일을 전횡하고 있어서, 아래에는 일을 할 사람이 없습니다. 이제 전투에서 승리할 수 있다면 조고는 반드시 우리의 공로를 질투할 것이며, 싸워서 이길 수 없다면 죽음을 면치 못할 것입니다. 바라건대 장군께서 이를 깊이 헤아리십시오."

원문

8 　王離軍旣沒, 章邯軍棘原, 項羽軍漳南, 相持未戰. 秦軍數卻, 二世使人讓章邯. 章邯恐, 使長史欣請事; 至咸陽, 留司馬門三日, 趙高不見, 有不信之心. 長史欣恐, 還走其軍, 不敢出故道. 趙高果使人追之, 不及. 欣至軍, 報曰:"趙高用事於中, 下無可爲者. 今戰能勝, 高必疾妒吾功; 不能勝, 不免於死. 願將軍孰計之!"

【강목|절요】*

평설

이 단락은 조 지역에서 벌어진 일이다. 진나라 장군 장한이 조 지역으로 와서 조나라의 장이를 포위하고 압박을 가할 때에 제후들의 군대, 특히 항우의 군대가 조나라를 지원함에 따라서 진나라의 장군 왕리가 죽었다. 진나라의 군대가 실패하긴 했어도 전력이 완전히 바닥 난 것은 아니었고 진의 장군 장한과 초

---

* 【강목】(강) 章邯以軍降楚 (목) 章邯軍棘原, 項羽軍漳南, 相持未戰, 秦軍數卻, 二世使人讓邯, 邯恐, 使長史欣請事, 留司馬門三日, 趙高不見, 欣恐, 走還, 報曰; 趙高用事於中, 下無可爲者, 今戰勝高疾吾功, 不勝, 不免於死, 願熟計之. 【절요】○王離軍旣沒, 章邯軍棘原, 項羽軍漳南, 秦兵數却, 二世使人讓章邯. 邯恐, 使長史欣請事咸陽, 留司馬門三日, 趙高不見, 有不信之心. 欣至軍, 報曰:「高用事于中, 下無可爲者. 今戰勝, 高必嫉吾功; 不勝, 不免於死.」

의 항우가 대치하는 상황이었다.

이러한 상황을 알게 된 진의 황제 호해는 사람을 시켜서 장한을 나무랬다. 전선의 상황을 제대로 알지 못하고 강압적인 통치 수단을 이 경우에도 사용한 것이다. 장한으로서는 앞에 있는 항우와의 전투도 중요하지만 그것보다 황제인 호해의 태도가 더욱 신경쓰였다. 그래서 자기 밑에 있는 최고의 관리인 장사를 함양으로 보내서 사정을 보고 하고 필요한 부탁도 하려고 했다.

그런데 장한의 장사가 함양에 갔지만 조고가 만나 주지를 않았다. 그러하니 황제에게 사정을 이야기할 방법이 근본적으로 없었다. 장한의 장사는 함양에 있는 것이 위험하다고 생각하고 조나라 지역의 전선으로 돌아와서 보고하고 의견을 이야기 하였다.

장사는 장한에게 이 싸움에서 이기면 조고의 시기를 받아 죽을 것이고, 이기지 못하면 패전한 것 때문에 죽을 것이라며, 이래도 죽고, 저래도 죽으니 알아서 새로운 방법을 택하라는 말을 덧붙였다.

이 사건은 장한이 새로운 활로를 모색하지 않으면 안 된다는 사실을 알게 한 것으로 앞으로의 전세에 대단히 중요한 부분이다. 그래서 《절요》와 《강목》에서는 이 일을 대체적으로 모두 기록하고 있다.

장한에게 항복을 권한 진여의 편지

원문번역

진여도 역시 장한에게 편지를 보내서 말하였다.

"백기(白起)가 진의 장수가 되어 남쪽으로 가서 언영(鄢郢, 옛 초의 도읍지, 호북성 江陵縣)을 정복하고, 북쪽으로 가서 마복군(馬服君)을 생매장하였고, 성을 공격하고 땅을 경략한 것이 헤아릴 수 없었으나 끝내는 죽음이 내려졌습니다. 몽염(蒙恬)이 진의 장수가 되어 북쪽으로 가서는 융인(戎人)을 쫓아내고 유중(楡中, 감숙성 蘭州市 동쪽)의 땅 수천 리를 개척하였지만, 끝내 양주(陽周, 섬서성 安定縣)에서 참수되었습니다.

왜 그렇습니까? 공로가 많으면 진에서는 모두 봉작을 해줄 수 없으니, 이어서 법을 가지고 이를 주살합니다. 이제 장군은 진의 장수가 된 지 3년이 되어 잃어버린 것이 10만 명을 헤아리게 되어 있고, 제후들은 나란히 일어나서 더욱 많아졌소. 저 조고(趙高)는 본디 아부하여 온 지가 이미 오래되었는데, 이제는 일이 급하게 되었고, 또한 2세 황제가 그를 주살할까 두려워하니, 그러므로 법으로 장군을 주살하여 책임을 막고자 할 것이며, 다른 사람으로 하여금 장군을 대신하게 하여 그의 화를 벗어나고자 할 것입니다.

무릇 장군은 밖에서 거주한 지가 오래 되어서 안으로는 많은 틈이 생겼으니, 공로를 세워도 죽고 공로를 세우지 못하여도 역시 죽게 되어 있습니다. 또 하늘이 진을 망하게 하는 것은 어리석든 똑똑하든 모두가 이를 압니다.

지금 장군께서 안으로는 직접 간언할 수 없고, 밖으로는 망하는 나라의 장수가 되었으니 고독하게 홀로 서서 항상 남아 있으려고 한들 어찌 슬프지 않습니까? 장군은 어찌하여 군사를 돌려 제후들과 더불어 합종하여 함께 진을 공격한다고 약속하여 그 땅을 나누어 왕 노릇하여 남면하고 고(孤)를 칭하지 않습니까? 이것은 자신이 부질(鈇質, 요참) 위에 엎어지게 되고, 처자가 살육되는 것과 어떠하오?"

원문

陳餘亦遺章邯書曰:"白起爲秦將, 南征鄢郢, 北阬馬服, 攻城略地, 不可勝計, 而竟賜死. 蒙恬爲秦將, 北逐戎人, 開榆中地數千里, 竟斬陽周. 何者? 功多, 秦不能盡封, 因以法誅之. 今將軍爲秦將三歲矣, 所亡失以十萬數; 而諸侯幷起滋益多. 彼趙高素諛日久, 今事急, 亦恐二世誅之, 故欲以法誅將軍以塞責, 使人更代將軍以脫其禍. 夫將軍居外久, 多內郤, 有功亦誅, 無功亦誅. 且天之亡秦, 無愚智皆知之. 今將軍內不能直諫, 外爲亡國將, 孤特獨立而欲常存, 豈不哀哉! 將軍何不還兵與諸侯爲從, 約共攻秦, 分王其地, 南面稱孤! 此孰與身伏鈇質, 妻子爲戮乎?"

【강목|절요】*

평설

항우와 장한이 대치하고 있는 상황에서 장한은 그의 장사로부터 새로운 길을 모색하라는 건의를 받았다. 그런데 이번에는 조나라의 진여가 장한에게 설득하는 편지를 보낸다.

진여는 비록 장군의 인수를 빼앗겼지만 제후편에 서서 기여할 수밖에 없는 처지였다. 진여가 장한을 설득한 내용은 대체로 장한의 장사가 장한에게 말한 것과 비슷하였다. 즉 조고가 전권을 휘두르고 있기 때문에 공로를 세워도 그 공을 시기하여 죽일 것이고, 공을 세우지 못하여도 그 때문에 죽일 것이라는 것이니 진나라는 희망이 없다는 내용이었다.

그러느니 차라리 제후들과 약속을 하여 자기의 몫을 차지하는 것이 더 낫지 않느냐는 제안이었다. 장한의 입장에서는 이 제안을 받아들일 수밖에 없는 처지였는데, 진여가 이러한 유세를 한 것은 시기적으로 절묘한 계책이었다. 정치적으로 난제를

---

* 【강목】 (목) 陳餘亦遺邯書曰; 將軍居外久, 多內郤, 有功亦誅, 無功亦誅, 且天之亡秦, 無愚智皆知之. 將軍何不與諸侯爲從約, 分王其地 孰與身伏鈇質 妻子爲戮乎. 【절요】 내용없음

해결하려는 진여의 안목이 눈에 띄는 대목이다.

그런데 《절요》에서는 진여가 장한에게 유세하는 편지를 보낸 사실을 다 생략하였다. 그래서 마치 중간에 아무런 일이 없었는데, 장한이 항우와 타협한 것으로 보일 수 있게 하였다. 《강목》에서는 진여가 장한에게 보낸 내용을 간략하게나마 적고 있다.

항우에게 항복하고 옹왕이 된 장한

원문번역

장한이 여우처럼 의심하고 몰래 군후(君侯) 시성(始成)을 시켜서 항우에게 사자로 가서 약속을 하게하고자 하였다. 약속이 아직 성립되지 않았는데, 항우가 포장군으로 하여금 밤낮으로 군사를 이끌고 삼호(三戶, 하북성 磁縣 경계 지역)를 건너서 장수(漳水)의 남쪽에 진을 치게 하고 진의 군사들과 싸워서 다시 그들을 깨뜨렸다. 항우가 모든 군사를 이끌고 진의 군사를 우수(汙水, 하남성 臨漳縣 경계 지역을 통과함)에서 공격하여 이를 대파하였다. 장한이 사람을 시켜서 항우를 만나 약속을 하고자 하였다. 항우가 군리를 불러서 모의하여 말하였다.

"양식이 적으니 그 약속을 들어주고 싶다."

군리들이 모두 말하였다.

"훌륭합니다."

항우는 마침내 원수(洹水 = 안양하, 산서성 黎城縣에서 발원함)의 남쪽 은허(殷墟)에서 함께 하기로 기약하였다. 이미 맹약을 끝내고 나자 장한이 항우를 보고 눈물을 흘리면서 조고 이야기를 하였다. 항우는 마침내 장한을 세워 옹왕으로 삼고, 초의 군중(軍中)에 머물게 하고, 장사 사마흔을 상장군으로 삼아 진의 군사를 거느리고 앞으로 가게 하였다.

9 하구(瑕丘, 산동성 兗州縣)의 신양(申陽)이 황하의 남쪽으로 내려와서 군사를 이끌고 항우를 좇았다.

원문

章邯狐疑, 陰使候始成使項羽, 欲約. 約未成, 項羽使蒲將軍日夜引兵渡三戶, 軍漳南, 與秦軍戰, 再破之. 項羽悉引兵擊秦軍汙水上, 大破之. 章邯使人見項羽, 欲約. 項羽召軍吏謀曰 : "糧少, 欲聽其約." 軍吏皆曰 : "善!" 項羽乃與期洹水南殷虛上. 已盟, 章邯見項羽而流涕, 爲言趙高. 項羽乃立章邯爲雍王, 置楚軍中 ; 使長史欣爲上將軍, 將秦軍爲前行.

9 瑕丘申陽下河南, 引兵從項羽.

【강목|절요】*

---

*【강목】(목) 邯狐疑, 陰使羽約, 未成, 羽引兵連戰大敗之, 邯復請降, 乃與盟於洹水上, 以爲雍王 置楚軍中 而使欣將其軍爲前行. 【절요】邯乃與羽, 約盟洹水之上, 已盟, 邯見羽流涕, 爲言趙高. 羽乃立章邯爲雍王, 置楚軍中, 使長史欣爲上將軍, 將秦軍爲前行.

평설

　이 대목은 진나라의 장군 장한이 항우와 맹약을 맺고 항우로부터 옹왕이 된 부분이다. 장한은 여러 가지로 진나라에 희망을 가질 수 없었지만 그렇다고 항우가 자기를 어떻게 대할지도 알 수 없는 처지였다.
　그리하여 사람을 보내서 여러 가지를 교섭하고 타협하도록 한다. 양쪽 모두 상대방을 완전히 믿을 수 없기 때문에 망설였지만, 항우 입장에서는 군량이 부족했고, 장한은 전투에서 자주 지는 형편이었기 때문에 화의교섭은 빠르게 진행되었다.
　일단 장한이 항우와 결맹을 함에 따라서 그동안 항우와 대치하던 진나라 군대는 하루아침에 항우의 편에 서게 되었다. 장한은 초의 군중에 남고 장한의 장사였던 사마흔이 군사를 이끌고 함양으로 향하는 길에 앞장을 섰다.
　진나라가 전투력에서 진 것이 아니고 진 조정의 황제 호해와 조고의 잘못의 결과였다. 상황이 이렇게 되자 신양이라는 사람도 자진하여 항우를 좇게 되니 항우의 군사력은 더욱 증대되고 있다. 한 번의 성공은 예상치 않은 결과를 가져 온다는 사실이 또다시 여기서 확인되었다.
　이 사건을 《절요》와 《강목》에서는 각기 《자치통감》의 반의 분량으로 줄이고 있다. 다만 《자치통감》에는 장한이 항우에게 항복을 받아 달라고 청했다는 말은 없는데, 《강목》에서는 '邯復請降'이라고 하여 장한이 사람을 보낸 것을 항복하겠다는 것으로 보고 고쳐 썼다. 그러나 어디에도 장한이 항우에게 항복을 청했다는 말은 없는데 《강목》에서 이를 고친 것은 《강목》의 특징을 보여주는 것이다.

조고의 지마위록

원문번역

10 처음에, 중승상(中丞相, 금중도 출입하는 승상) 조고(趙高)가 진의 권력을 오로지하려 하나 여러 신하들이 말을 듣지 않을 것을 걱정하여 마침내 먼저 시험을 하기로 하고 사슴을 가져다가 2세 황제에게 헌납하고서 말하였다.

"말입니다."

2세 황제가 웃으면서 말하였다.

"승상이 틀렸소. 사슴을 말이라고 생각하시오?"

주위 사람에게 물었다. 어떤 사람은 침묵하고, 어떤 사람은 말이라고 말하여 조고에게 아부하며 순종하였으며, 어떤 사람은 사슴이라고 말하였다. 조고는 이어서 몰래 사슴이라고 말한 사람들을 법으로 처리하였다. 뒤로는 여러 신하들이 모두 조고를 두려워하여 감히 그의 허물을 말하는 사람이 없었다.

원문

10 初, 中丞相趙高欲專秦權, 恐羣臣不聽, 乃先設驗, 持鹿獻於二世曰: "馬也." 二世笑曰: "丞相誤邪, 謂鹿爲馬?" 問左右, 或默, 或言馬以阿順趙高, 或言鹿者. 高因陰中諸言鹿者以法. 後羣臣皆畏高, 莫敢言其過.

【강목|절요】*

평설

이 사건은 조고가 진 조정에서 전권을 잡기 위하여 만들어 낸 허무맹랑한 일이다. 이른바 사슴을 가리켜서 말이라고 함으로써 모든 신료들이 조고가 한 일에 반대할 수 없도록 한 것이다. 조고는 승상 이사를 몰아내고 승상이 되었다. 그것도 중승상이라는 직함을 가져 다른 승상과 달리 금중에도 드나들 수 있었다.

자기가 한 일에 대하여 반대 의견이 황제 호해에게 전해지는 것을 염려한 나머지 여러 신하들 가운데 누구도 자기를 비난하는 말을 하지 못하게 한 조치였다.

---

* 【강목】 (강) 八月, 沛公入武關, 趙高弒帝于望夷宮, 立子嬰爲王. 九月, 子嬰討殺高, 夷三族. (목) 初, 中丞相趙高欲專秦權, 恐羣臣不聽, 乃持鹿獻於二世曰; 馬也, 二世笑曰; 丞相誤邪, 謂鹿爲馬, 問左右, 或默或言鹿, 高因陰中諸言鹿者以法, 後羣臣皆畏之, 莫敢言其過. 【절요】 ○初, 中趙高欲專秦權, 恐羣臣不聽, 乃先設驗, 持鹿獻於二世曰:「馬也.」二世笑曰:「丞相誤耶, 謂鹿爲馬?」問左右, 或默, 或言馬, 高因陰中諸言鹿者以法. 後羣臣皆畏高, 莫敢言其過.

이러한 조치는 일단 진 조정안에서는 성공을 거둘 수 있었지만 오히려 진나라 황제가 사태를 정확히 파악할 수 없게 만들었다. 결과적으로 진나라도 망하고 조고 자신도 망하는 길임을 몰랐던 것이라 할 것이다.

이 사건이 언제 일어났는지는 알 수 없지만 이러한 분위기가 진을 망하게 하였다는 점에서 '애초에'라는 말을 앞에 붙여서 여기에 배열한 것이며, 진은 곧 망할 것이라는 것을 독자에게 전해주는 메시지라 할 것이다.

이 '지록위마'라는 사건은 후대에 많은 사람들의 입에 회자되는 것이며, 조고를 비난하는 문구이기도 하다. 그래서 그런지, 《절요》와 《강목》에서는 모두 이 일을 적고 있다.

두려워하는 조고

원문번역

조고는 전에 자주 '관[咸谷關] 동쪽에 있는 도적들은 아무 것도 할 수 없을 것이다.'라고 말하였는데, 항우가 왕리를 포로로 잡고, 장한 등의 군사도 자주 패하자 글을 올려서 더욱 원조 하여줄 것을 청하였다. 관[함곡관]의 동쪽에서는 대개 진의 관리를 배반하고 제후들에게 호응하고, 제후들은 모두 그 무리들을 이끌고 서쪽으로 향하였다.

8월에, 패공이 수만 명을 거느리고 무관(武關, 섬서성 商南縣 경계 지역)을 공격하여 이를 도륙(屠戮)하였다. 조고는 2세 황제가 노하여 주살하는 것이 그 자신에까지 이를 것을 두려워하여 마침내 병을 사칭하고 조현하지 아니하였다.

원문

高前數言"關東盜無能爲也"；及項羽虜王離等，而章邯等軍數敗，上書請益助。自關以東，大抵盡畔秦吏，應諸侯；諸侯咸率其衆西鄕. 八月, 沛公將數萬攻武關, 屠之. 高恐二世怒, 誅及其身, 乃謝病, 不朝見.

【강목|절요】*

평론

진 조정 안에서 조고의 입장이 어려워진 내용이다. 조고는 전권을 쥐고 황제 호해에게 모든 문제가 다 잘 해결 되고 있다고 거짓 보고를 하고 있었다.

그러나 조 지역으로 간 장한이 계속 실패하였고, 제후들이 일으킨 군대는 점점 더 많아져서 함양을 향하여 달려오는 상황에서 끝내 유방이 무관을 공격하여 도륙하는 일이 벌어졌다. 더 이상 도적떼쯤이야 걱정거리가 안 된다고 거짓말을 할 수 없게 된 것이다.

조고는 황제에게 언제 죽임을 당할지 모르는 상황이 되자 황제 호해를 만나지 않으려고 아프다고 하면서 조회에 나가지 않았다. 조고 스스로 위기를 느끼고 있었다.

이 문제를 《절요》에서는 대체로 다 적고 있는 반면에 《강목》에서는 조고가 전에 거짓말한 내용만 쓰고 조고가 황제를 피하려고 조회에 나가지 않았다는 내용을 생략하고 있다.

---

*【강목】八月, 沛公攻屠武關, 高前數言關東盜無能爲. 【절요】○高前數言「關東盜無能爲也」; 及項羽虜王離等, 而章邯等軍數敗, 關東皆畔. 高恐二世怒, 誅及其身, 乃謝病, 不朝.

조고의 쿠데타와 호해의 최후

원문번역

2세 황제(皇帝)가 흰 호랑이가 자기의 좌참마(左驂馬, 왼쪽에서 수레를 끄는 말)를 물어 죽이는 꿈을 꾸어서 마음이 즐겁지 아니하였고 괴이하게 생각하여 꿈을 점치는 관리에게 물었다. 그 점쟁이가 점쳐서 말하였다.

"경수(涇水)가 빌미[祟]가 되었습니다."

2세 황제는 마침내 망이궁(望夷宮)에서 재계(齋戒)를 하고 경수에서 제사지내면서 4마리의 흰말을 빠뜨렸다.

사신으로 하여금 조고에게 도적의 일로 책망하게 하였다. 조고는 두려워서 마침내 그의 사위인 함양령(咸陽令) 염락(閻樂)과 그의 동생 조성(趙成)과 몰래 모의하여 말하였다.

"황상은 간하는 말을 듣지 않고, 이제 일은 급하게 되니 화를 나에게로 귀착시키려고 한다. 황상을 바꾸어두려고 하니 바꾸어 영자영(嬴子嬰, 호해의 조카)으로 세우자. 영자영은 어질고 검소하여 백성들은 모두 그의 말을 받아들일 것이다."

이에 낭중령(郞中令, 궁정호위책임자)으로 하여금 안에서 호응하게 하고, 거짓으로 큰 도적이 있다고 하면서 염락에게 명령하여 이졸들을 소집하여 그 뒤를 쫓게 하고, 염락의 어머니를 잡아서 조고의 집에 두게 하였다. 염락을 파견하여 관리와 병졸 1천여 명을 거느리고 망이궁의 전문(殿門)에 가게하고 위령복야(衛令僕射, 궁정호위관)를 포박하고서 말하였다.

"도적이 여기에 들어왔는데, 왜 이를 막지 못하였느냐?"

위령(衛令)이 말하였다.

"주변 막사에는 군졸들을 배치한 것이 아주 삼엄한데, 어찌 도적이 감히 궁에 들어가겠소?"

염락이 위령의 목을 베고서 바로 관리를 거느리고 들어가서 낭관(郞官)과 환관들에게 활을 쏘게 하였다. 낭관·환관들이 크게 놀라서 혹은 달아나고 혹은 격투를 벌였는데, 격투한 자가 번번이 죽으니, 죽은 사람이 수십 명이었다. 낭중령과 염락이 함께 궁으로 들어가 황상의 악좌위(幄坐幃, 황제가 머무는 곳)에 활을 쏘았다. 2세 황제가 화가 나서 주위 사람들을 불렀는데, 주위 사람들은 모두 당황하고 걱정하여 싸우지를 아니하였다. 옆에는 환관 한 사람이 모시고 있었는데, 감히 떠나지 못하였다. 2세 황제가 안으로 들어가면서 말하였다.

"공(公)은 어찌하여 일찍 나에게 이야기를 해주지 않아서 마침내 이에 이르게 했는가?"

환관이 말하였다.

"신이 감히 말을 하지 않았으니 그런고로 온전할 수 있었고, 신으로 하여금 일찍 말씀드리게 했다면 모두 이미 주살되었을 것이니 어찌 오늘에 이를 수 있겠습니까?"

염락이 앞으로 가 2세 황제에게 다가가서 헤아리면서 말하였다.

"족하(호해를 호칭하는 말)는 교만하고 방자하고 주살하는 것에 도리가 없었기 때문에 천하가 다 함께 족하를 배반하였으니, 족하는 스스로 계획을 세우시오."

2세 황제가 말하였다.

"승상을 좀 만나볼 수가 있겠는가?"

염락이 말하였다.

"안되오."

2세 황제가 말하였다.

"내가 바라건대 한 개의 군(郡)을 얻어서 왕 노릇을 하고 싶소."

허락하지 않았다. 또 말하였다.

"바라건대 만호후(萬戶侯)가 되고 싶소."

허락하지 않았다. 말하였다.

"바라건대 처자와 더불어 검수(黔首. 일반 백성)가 되어서 여러 공자(公子)들처럼 살고 싶소."

염락이 말하였다.

"신은 승상에게 명을 받아서 천하를 위하여 족하를 주살하는 것이고, 족하가 비록 많은 말을 하였으나 나는 감히 보고하지 않을 것이오."

그의 군사들에게 손짓하여 들어오게 하였다. 2세 황제는 자살하였다.

원문

二世夢白虎齧其左驂馬, 殺之, 心不樂, 怪問占夢. 卜曰:"涇水爲祟." 二世乃齋於望夷宮, 欲祠涇水, 沈四白馬. 使使責讓高以盜賊事. 高懼, 乃陰與其壻咸陽令閻樂及弟趙成謀曰:"上不聽諫; 今事急, 欲歸禍於吾. 欲易置上, 更立子嬰. 子嬰仁儉, 百姓皆載其言." 乃使郎中令爲內應, 詐爲有大賊, 令樂召吏發卒追, 劫樂母置高舍. 遣樂將吏卒千餘人至望夷宮殿門, 縛衛令僕射, 曰:"賊入此, 何不止?"衛令曰:"周廬設卒甚謹, 安得賊, 敢入宮!"樂遂斬衛令, 直將吏入, 行射郎·宦者. 郎·宦者大驚, 或走, 或格; 格者輒死, 死者數十人. 郎中令與樂俱入, 射上幄坐幃. 二世怒, 召左右; 左右皆惶擾不鬪. 旁有宦者一人侍, 不敢去. 二世入內, 謂曰:"公何不早告我, 乃至於此!"宦者曰:"臣不敢言, 故得全; 使臣早言, 皆已誅, 安得至今!"閻樂前即二世, 數曰:"足下驕恣, 誅殺無道, 天下共畔足下; 足下其自爲計!"二世曰:"丞相可得見否?"樂曰:"不可!"二世曰:"吾願得一郡爲王."弗許. 又曰:"願爲萬戶侯." 弗許. 曰:"願與妻子爲黔首, 比諸公子."閻樂曰:"臣受命於丞相, 爲天下誅足下; 足下雖多言, 臣不敢報!"麾其兵進. 二世自殺.

【강목|절요】*

평설

  이 단락은 조고가 쿠데타를 일으켜서 궁궐을 공격하고 이에 따라 2세 황제가 자살하는 것을 기록한 내용이다.

  먼저 호해는 악몽을 꾸었다는 것이다. 꿈에서 깨어난 호해는 조고가 자신을 속인 것에 대해 사람을 시켜 조고를 나무랐다. 그러자 조고는 황제를 죽이고 호해의 조카 자영을 대신 세우기로 모의한다. 그리고 이 일을 자기 사위인 염락을 시켜서 시행하게 하였다.

  염락이 호해에게 가기 위하여 위사들을 죽이자 호해는 상황을 파악했다. 처음에는 군 하나를 얻어 왕 노릇을 하겠다고 하다가 마지막에는 일반 백성으로 살아갈 길을 달라고 하였지만 모두 거절당하고 자살하게 된다.

  그렇게 당당하던 황제가 마지막에 몰리자 목숨을 구걸하는

---

* 【강목】至是, 二世使責讓高, 高懼乃與其壻咸陽令閻樂謀, 詐爲有大賊, 召吏發卒, 使樂將之, 至望夷宮殿門, 縛衛令, 僕射曰; 賊入此, 何不止, 遂殺之. 射郎宦者, 或走或格, 格者輒死入, 射上幄坐幃, 二世怒, 召左右, 皆惶擾不鬪, 旁有宦者一人侍不去, 二世謂曰; 公何不早告我, 乃至於此, 對曰; 使臣早言, 皆已誅, 安得至今, 樂前數二世曰; 足下驕恣誅殺無道, 天下皆畔, 其自爲計, 二世曰; 吾願得一郡爲王, 弗許, 願爲萬戶侯, 又弗許, 願與妻子爲黔首, 樂曰; 臣受命丞相爲天下誅足下, 足下雖多言, 臣不敢報, 麾其兵進, 二世自殺. 【절요】陰與其壻咸陽令閻樂, 謀易置上, 更立子嬰. 樂將吏卒, 入望夷宮, 與二世曰:「受命於丞相, 誅足下!」麾其兵進, 二世自殺.

모습을 그리고 있는 것이다. 그러나 일단 황제가 되었던 사람은 그 자리에서 내려오는 순간 죽음만 있을 뿐 더 이상 살아갈 방법이 없다.

그런데 《절요》에서는 이 호해라는 인간의 비극적인 최후를 아주 간단히 단 두 줄로 처리하고 있다. 반면 《강목》에서는 호해가 악몽을 꾼 내용을 빼고는 거의 다 서술하고 있다.

영자영에게 죽는 조고

원문번역

염락이 돌아가서 조고에게 보고하였다. 조고는 마침내 모든 대신들과 공자들을 불러서 2세 황제를 주살하게 된 상황을 알리고 말하였다.

"진은 옛 왕국인데, 시황제가 천하에서 군주가 되니 그러므로 칭제(稱帝)하였던 것이오. 이제 6국이 다시 자립하여 진의 땅이 더욱 작아져서 마침내 헛된 이름만으로 황제가 되는 것은 옳지 않으니, 마땅히 옛날처럼 하는 것이 편할 것이오."

영자영을 세워서 진왕으로 삼았다. 검수(黔首)로 2세 황제를 두현(杜縣, 섬서성 西安市 동남쪽 교외)의 남쪽에 있는 의춘원(宜春苑)에 장사지냈다.

9월에, 조고가 영자영으로 하여금 재계하게 하고 마땅히 종묘를 찾아보고 옥새(玉璽)를 받아야 한다고 하여 닷새 동안 재계하였다. 영자영과 그의 아들 두 사람이 모의하여 말하였다.

"승상 조고가 2세 황제를 망이궁(望夷宮)에서 죽이고, 여러 신하들이 그를 주살할까 두려워서 마침내 거짓으로 의(義)를 가지고 나를 세웠다. 내가 듣건대 조고는 마침내 초와 맹약하여 진의 종실을 멸망시키고, 나누어 관중(關中)에서 왕 노릇을 하려고 한다. 이제 나로 하여금 재계를 하게 하여 종묘를 찾아 뵙게 하였는데, 이는 종묘에 있는 것을 이용하여 나를 죽이려는 것이다. 내가 병들었다고 칭하고 가지 않으면 승상은 반드시 스스로 올 것이고, 오면 그를 죽이자."
조고가 사람을 시켜서 자영을 여러 번 청하였으나, 영자영이 가지 않았다. 조고가 과연 스스로 가서 말하였다.
"종묘는 중요한 일이니, 왕께서 어찌하여 가시지 않습니까?"
영자영이 드디어 재궁에서 조고를 찔러 죽이고 조고의 집안은 삼족(三族)을 멸하여 조리를 돌렸다.

원문

閻樂歸報趙高. 趙高乃悉召諸大臣·公子, 告以誅二世之狀, 曰: "秦故王國; 始皇君天下, 故稱帝. 今六國復自立, 秦地益小, 乃以空名爲帝, 不可; 宜如故, 便." 乃立子嬰爲秦王. 以黔首葬二世杜南宜春苑中. 九月, 趙高令子嬰齋戒, 當廟見, 受玉璽; 齋五日. 子嬰與其子二人謀曰: "丞相高殺二世望夷宮, 恐羣臣誅之, 乃詐. 以義立我. 我聞趙高乃與楚約, 滅秦宗室而分王關中. 今使我齋·見廟, 此欲因廟中殺我. 我稱病不行, 丞相必自來; 來則殺之." 高使人請子嬰數輩, 子嬰不行. 高果自往, 曰: "宗廟重事, 王奈何不行?"子嬰遂刺殺高於齋宮, 三族高家以徇.

【강목|절요】*

평설

이 대목은 조고가 2세 황제를 죽이고 그 조카 영자영을 세운 후 그까지 죽이려 하다가 도리어 영자영에게 척살된 사실을 기록하고 있다.

조고는 영자영에게 왕이 되었으니 종묘에 가서 선조를 알현하고 옥새를 받으라고 하면서 거기서 죽이려고 하였다. 하지만 영자영은 이러한 조고의 계획을 미리 알아차리고 조고로 하여금 자신에게 오게 하였고, 그때 조고를 척살하였다.

아무리 진나라 조정에서 전권을 휘둘렀지만 모든 사람이 그에게 넘어가는 것은 아니었다. 또 잠시지만 호해의 형인 부소의 아들 영자영이 진의 왕이 되었다는 점에서 억지로 빼앗은 왕좌가 유지될 수 없다는 것을 생생하게 보여 준 것이기도 하다.

또 영자영의 말 가운데 조고가 초와 연락하여 진 지역에서 왕노릇하려고 교섭했다는 내용이 있다. 가능성이 있는 내용이

---

*【강목】趙高曰; 秦故王國, 始皇君天下, 故稱帝, 今六國復立, 宜爲王如故, 便, 乃立子嬰爲秦王, 以黔首葬二世苑中, 九月, 高令子嬰朝見 受璽 子嬰稱疾, 不行. 高自往請子嬰, 遂刺殺高, 三族其家以徇. 【절요】趙高乃立子嬰爲秦王, 令子嬰齋當廟見, 受玉璽. 子嬰與其子二人謀曰:「丞相高殺二世, 恐羣臣誅之, 乃佯以義立我, 使我齋‧見廟, 我稱病不行, 丞相必自來;來則殺之.」高果自往,子嬰遂刺殺高於齋宮, 三族高家.

지만 실제로 조고가 초의 항우 혹은 다른 세력과 연락했다는 기록이 없으므로 믿을 수 있는 것인지는 알 수 없다.

  그러나 《절요》와 《강목》에서는 내용만을 간단히 전하고 있다. 따라서 《자치통감》만큼 사건이 진전되는 과정에서 서로 말하고 꾀를 내는 내용이 생략되어 역동적인 사건을 생생하게 느끼기에는 많이 부족하다.

함양으로 향하는 유방

원문번역

장병을 파견하여 요관(嶢關, 섬서성 藍田縣 동남쪽)에서 막게 하였는데, 패공이 이를 치려고 하였다. 장량이 말하였다.

"진의 군사는 오히려 강하니 아직은 가볍게 보지 마십시오. 바라건대 먼저 사람을 파견하여 산 위에 기치를 벌려놓아서 군사가 있는 것처럼 의심하게 하고, 역이기와 육가(陸賈)로 하여금 가서 진의 장수들에게 유세하여 이익을 가지고 먹이십시오."

진의 장수들이 과연 연합하여 화의를 하고자 하니, 패공이 이를 허락하고자 하였다. 장량이 말하였다.

"이는 다만 그 장수들이 반란을 하고자 하지만 그들의 사졸들이 좇지 않을까 걱정하는 것이니, 그들이 게을러지는 것을 이용하여 이들을 치는 것만 못합니다."

패공이 군사를 이끌고 요관을 둘러싸고 괴산(蕢山, 嶢關 附近)을 넘어가서 진의 군사를 남전(藍田, 섬서성 藍田縣)의 남쪽에서 쳐서 그들을 대파하였다. 드디어 남전에 이르렀고, 또 그 북쪽에서 싸웠는데, 진의 군사가 대패하였다.

원문

遣將兵距嶢關, 沛公欲擊之. 張良曰:"秦兵尙强, 未可輕. 願先遣人益張旗幟於山上爲疑兵, 使酈食其·陸賈往說秦將, 啗以利." 秦將果欲連和 ; 沛公欲許之. 張良曰:"此獨其將欲叛, 恐其士卒不從 ; 不如因其懈怠擊之." 沛公引兵繞嶢關, 逾蕢山, 擊秦軍, 大破之藍田南. 遂至藍田, 又戰其北, 秦兵大敗.

【강목|절요】*

평설

이 대목은 유방이 마지막으로 진의 군대를 격파하는 내용이다. 진나라 내부적으로는 2세 황제가 죽고, 영자영이 새로이 왕이 되었으며 조고도 죽는 엄청나게 큰 소용돌이가 있었지만 진나라의 군대가 그리 만만한 것은 아니었다.

---

*【강목】(강) 沛公擊嶢關破之 (목) 秦遣兵拒嶢關, 沛公欲擊之, 張良曰 ; 未可. 願益張旗幟爲疑兵, 而使酈生陸賈往說秦將, 啗以利秦將, 果欲連和沛公, 欲許之. 良又曰 ; 不如因其怠而擊之, 沛公遂引兵擊秦軍, 大破之. 【절요】○子嬰遣將, 將兵距嶢關, 沛公欲擊之. 張良曰 :「秦兵尙强, 未可輕. 願先遣人益張旗幟於山上爲疑兵, 使酈食其·陸賈往說秦將, 啗以利.」秦將果欲連和 ; 沛公欲許之, 張良曰 :「此獨其將欲叛, 恐其士卒不從 ; 不如因其懈怠擊之.」沛公引兵繞嶢關, 踰蕢山, 擊秦軍, 大破之. 遂至藍田, 又戰其北, 秦兵大敗.

유방·항우의 관중 진격로(기원전 208년~기원전 206년)

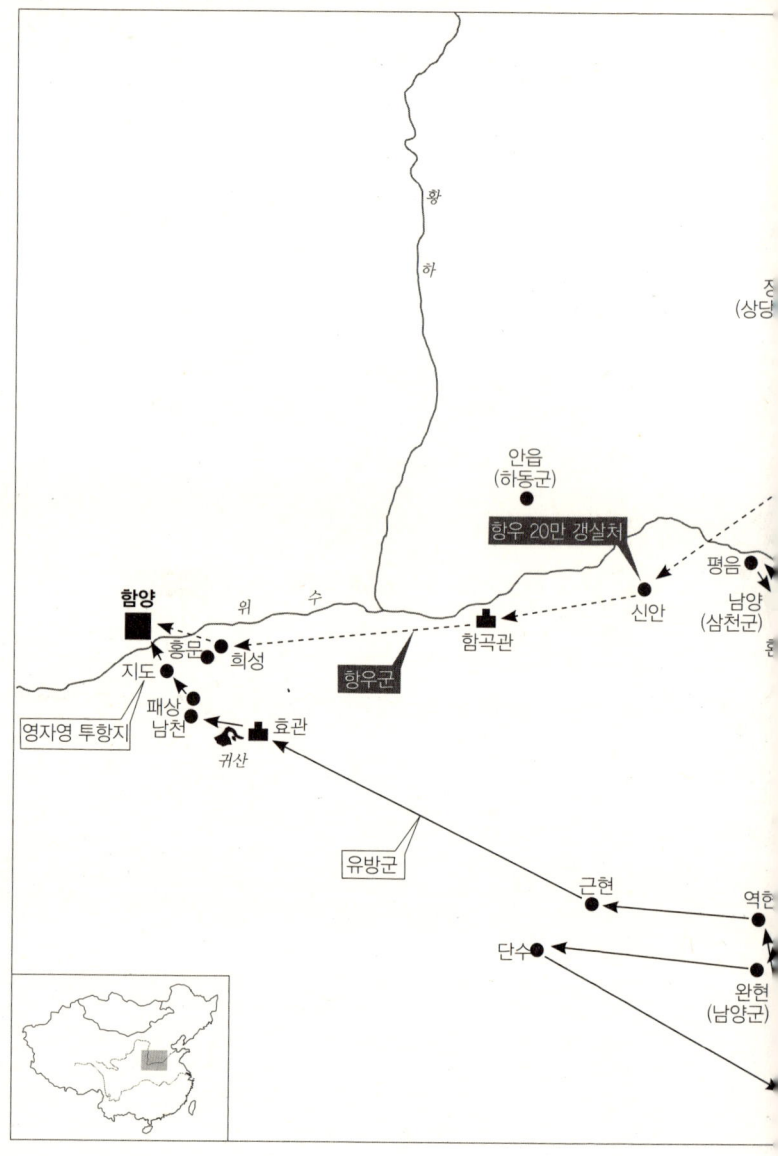

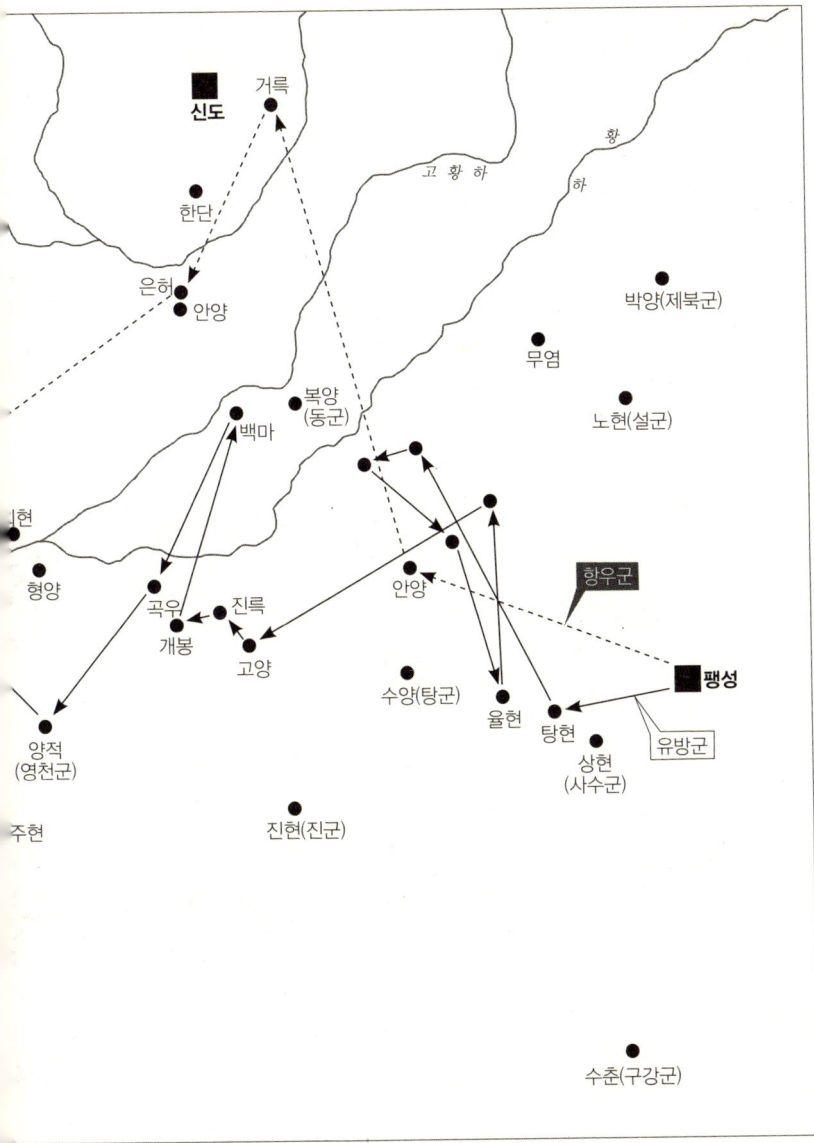

함양으로 향하는 유방

그래서 먼저 군사를 가지고 싸우기 전에 진나라의 장군들을 유혹하여 화의하자고 한다. 진나라 장수들은 이해관계가 밝아서 나라의 안위보다 자기 하나의 편안함을 찾는다는 속성을 이용하여 그들을 유혹한 것이다. 여기에는 유방을 도왔던 역이기와 육가 같은 사람이 동원되었고, 이 정책은 장량이 건의하였다.

결과적으로 장군들은 유혹에 넘어 왔다. 그러나 장량은 그것으로 안심하지 않고, 의외의 일이 벌어질 수도 있음을 상정하고 진나라 군대가 화의하기로한 후 경계를 게을리 한 틈을 이용하여 군대를 동원하여 진군을 격파하였다.

그러한 점에서 장량은 진나라 장군과의 약속을 깬 셈이다. 그러나 전쟁이란 원래 약속을 하기도 하지만 또 이를 깨기도 하는 것이며, 잘 속이는 것이 잘하는 것으로 인정되는 시대였다. 그러한 점에서 장량은 속임수의 대가였다.

이 부분에서 《절요》와 《강목》에서는 대부분의 내용을 싣고 있다.